Larrá/Cleuvers

Stark im Team

KITAMANAGEMENT **konkret**

Band 3

Stark im Team

Personalmanagement und Mitarbeiterführung für Kitaleitungen

Herausgegeben von
Dieter Dohmen, Leiter des Forschungsinstituts für Bildungs- und Sozialökonomie (FiBS) in Köln

Bearbeitet von
Dr. Franziska Larrá, Leiterin der Abteilung Kindertageseinrichtungen im Caritasverband für die Diözese Trier e.V. und
Birgitt A. Cleuvers, wissenschaftliche Mitarbeiterin im Forschungsinstitut für Bildungs- und Sozialökonomie (FiBS), freiberufliche PR-Beraterin in den Bereichen Bildung und Forschung, Köln

CARL LINK DKV
Eine Marke von
Wolters Kluwer Deutschland

Bibliografische Information Der Deutschen Bibliothek
Die Deutsche Bibliothek verzeichnet diese Publikation in der Deutschen Nationalbibliografie; detaillierte bibliografische Daten sind im Internet über **http://dnb.ddb.de** abrufbar.

Verlagsnummer **2500.03** – (ISBN 3-556-01028-3)
Der Inhalt dieses Werkes, alle Vorschriften, Erläuterungen, Anregungen und weiterführenden Fachinformationen, ist mit größter Sorgfalt zusammengestellt. Dies begründet jedoch nicht einen Beratungsvertrag und keine anderweitige Bindungswirkung gegenüber dem Verlag. Es kann schon wegen der nötigen Anpassung an die individuellen Gegebenheiten des Einzelfalls keine Gewähr für Verbindlichkeit, Vollständigkeit oder auch Fehlerfreiheit gegeben werden, obwohl wir alles tun, einen aktuellen und korrekten Stand zu erhalten.

Verlagsanschrift:
Wolters Kluwer Deutschland GmbH
Niederlassung Kronach
Adolf-Kolping-Straße 10, 96317 Kronach
Postfach 1552, 96305 Kronach

Telefon: (09261) 969-4000
Fax: (09261) 969-4111
E-Mail: info@wolters-kluwer.de

http://www.wolters-kluwer.de
http://www.carllink.de

Umschlag: futurweiss kommunikationen, Wiesbaden
Gesamtherstellung: Wilhelm & Adam, Heusenstamm
Satz: RPS Satzstudio GmbH, Düsseldorf
Printed in Germany – Imprimé en Allemagne, Dezember 2005
∞ Gedruckt auf säurefreiem, alterungsbeständigem und chlorfreiem Papier.

Inhalt

Bedeutung der Symbole

Checkliste

Beispiel

Tipp

Hintergrundinformation

Vorwort

„Mitarbeiter können alles: wenn man sie weiterbildet, wenn man ihnen Werkzeuge gibt, vor allem aber, wenn man es ihnen zutraut.“ Mit diesem Satz hat Hans-Olaf Henkel wesentliche Punkte dessen beschrieben, was Personalmanagement und Mitarbeiterführung heutzutage kennzeichnet. Sei es, dass eine Erzieherin mit der Organisation des Sommerfestes beauftragt wird, sei es, dass aus einer Gruppe von IndividualistInnen ein Team geformt werden soll, das sich mit den Leitlinien des Trägers und der Kita identifiziert, oder sei es, dass in kritischen Situationen Führungsstärke gefragt ist, dass MitarbeiterInnen gewonnen oder entlassen, Arbeitszeit- und Gehaltsmodelle überprüft oder Wissensmanagement gefördert werden soll: Personalmanagement ist heute nicht mehr beschränkt auf die Administration von Akten und Konten, sondern mit seinem breiten Aufgabenspektrum und der Fülle von Methoden und Instrumenten die Voraussetzung für nachhaltigen Erfolg.

Was macht diesen Erfolg aus? Im Mittelpunkt aller Überlegungen stehen immer die Kinder, die Zielpersonen und Nutznießer der guten Arbeit und Atmosphäre in einer Kita sind. Sie sollen in ihren ersten Lebensjahren in einem positiven, klaren Umfeld aufwachsen und von allen Erziehungs-, Betreuungs- und Bildungsmaßnahmen der Kita profitieren. Nur dieser Erfolg bedeutet eine Erhaltung und langfristige Steigerung des Werts der Kita, ihrer Leistungen für die Gesellschaft und im Besonderen für die Kinder mit ihren Eltern. Unabdingbar sind aber hier nicht nur die geeigneten zielorientierten Maßnahmen, die Planung personeller Ressourcen und eine entsprechende „Unternehmenskultur“ in der Kita, sondern es ist wichtig, die Bedürfnisse aller Beteiligten zu berücksichtigen. Dabei steht der Betriebszweck, die Bedürfnisse der Kinder und Eltern an erster Stelle. Aber auch die richtige Balance zwischen den Bedarfen und Interessen, Rechten und Pflichten von Träger, Kita-Leitung und pädagogischem Personal sollte nicht nur gesucht, sondern auch gefunden werden.

Ein hehres, aber machbares Ziel ist es also, Personalplanung und -controlling, Personalbeschaffung und -entwicklung, Mitarbeiterführung und -verwaltung in der Kita im Griff zu haben, ökonomische und soziale Ziele sowie die formalen Rahmenbedingungen im Blick zu halten. Wichtig ist dabei gerade in einer Kita, die pädagogischen Ziele sowie die persönlichen Bindungen und Qualitäten nicht aufs Spiel zu setzen, sondern mit einem gelungenen, stringenten Personalmanagement – stark im Team – vielmehr zu unterstützen.

Manches von dem, was hier erläutert wird, werden Sie als Kita-Leitung längst erledigen, ohne es unter dem jeweiligen Fachbegriff zu verbuchen. Anderes wird Ihnen aber auch neu sein, wird mitunter auf Ihren Erfahrungen aufbauen oder in seiner systematischen Einordnung Strukturen und Zusammenhänge verdeutlichen, Chancen und Grenzen in der Personalentwicklung und Mitarbeiterführung aufzeigen. Aktuelles wird Sie für den Alltag kompetent ausrüsten. Schließlich bieten die nachfolgenden Ausführungen für alle, die in oder im Umfeld einer Kita arbeiten und mit entsprechenden Maßnahmen konfrontiert werden, interessantes und hilfreiches Wissen, mit dem Sie sich vielleicht auch auf eigene Führungstätigkeiten vorbereiten.

Vielleicht vermissen Sie noch besondere Einzelthemen wie Konfliktmanagement, Change Management oder den detaillierten Aufbau eines Bewerbungsgesprächs? Sie können sicherlich auch zum Personalmanagement gerechnet werden, aber z. B. auch zu Kommunikations- und Moderationstechniken. Kurz: Mitarbeiterführung ist ein so komplexes Feld, dass nie alles auf einmal berücksichtigt werden kann.

„Stark im Team" zu sein, ist ein wichtiges Ziel von Kita-Management in Sachen Personal. Ihre Führung prägt die Arbeitsatmosphäre, die individuellen Leistungen und das Bild der Kita bei allen: bei ErzieherInnen, Kindern, Eltern und allen anderen, die mit Ihnen zu tun haben. So viele Individuen es gibt, so viele Möglichkeiten gibt es aber letztlich auch, im Einzelfall MitarbeiterInnen zu führen. Dieser Band kann demnach kein Allheilmittel für jede Problemlage sein. Vielmehr sollen die Informationen, Beispiele und Erläuterungen Ihnen den Rahmen und das Handwerkszeug vermitteln, mit dem Sie dann in der Lage sind, Situationen zu erkennen und zu handeln, Qualitätsmanagement und Corporate Governance zu integrieren und die Kita weiter zu entwickeln, sie mit all ihren MitarbeiterInnen zu fördern und fordern. Dies wappnet Sie zwar nicht für alle Zeiten und generell vor Fehlentscheidungen und Umwegen in der Menschen-Führung, hilft Ihnen aber, diese zu reduzieren, Ziele besser zu erkennen und nachhaltig zu verfolgen.

Dieser dritte Band der Reihe „Kitamanagement konkret" versucht, die zentralen Bereiche des Personalmanagements und der Mitarbeiterführung, die für eine Kita relevant sind, systematisch und anhand beispielhafter Modelle und Situationen darzustellen. Grundlegendes Wissen und konkrete Handlungsempfehlungen sollen Ihnen mögliche, erfolgreiche Lösungswege sowie Methoden und Instrumente aufzuzeigen.

Zunächst soll einerseits kurz geklärt werden, was Personalwesen überhaupt umfasst und wozu ein kompetentes Management dient. Dann werden die Beteiligten an der Mitarbeiterführung – und -entwicklung dargelegt, die je nach Trägerstruktur, Land und Einrichtung sehr variieren können. Anschließend sollen Personalplanung, -entwicklung und -gewinnung, Führungskompetenzen, administrative Fragen und Rahmenbedingungen Thema sein. Gehen Sie je nach Bedarf die einzelnen Kapitel durch und bedenken Sie die Ziele, die aktuelle Situation und die Voraussetzungen Ihrer Kita, Ihrer Trägerorganisation und Ihrer eigenen Person, um so in Ruhe Ihr Ziel zu definieren und wohlüberlegt Ihren Weg, Ihre Linie in der Kita-Leitung zu finden. Viel Vergnügen beim Entdecken Ihrer Möglichkeiten!

Birgitt A. Cleuvers *Franziska Larrá*

1. Personalmanagement – Was ist das?

Personalmanagement, auch Personalwirtschaft oder -wesen genannt, bezeichnet den Bereich der Betriebswirtschaft, der sich mit dem gezielten, planmäßigen Einsatz und der Entwicklung des arbeitenden Menschen in einer Organisation und seinem Leistungsanteil beschäftigt. Dabei steht sein Beitrag zur Erreichung der Ziele des Unternehmens im Vordergrund. Diese können nur mit zielorientierten, den einzelnen Menschen berücksichtigenden Maßnahmen, einer entsprechenden Ressourcenplanung und einer förderlichen Unternehmenskultur erreicht werden. Sie sind oft im Leitbild der Organisation festgeschrieben. Zu den zentralen Aufgaben des Personalmanagements gehören Personalplanung und -controlling, Personalbeschaffung samt Marketing und Personalentwicklung, Personalführung und -verwaltung. Interessenvertretungen, gesetzliche Schutzbestimmungen und Berufsverbände sind angegliederte Faktoren, die jedoch im Einzelnen hier nicht erläutert werden können.

Wozu aber dient Personalmanagement? Stehen ökonomische oder soziale Ziele im Vordergrund? Hier kann es unterschiedliche Auffassungen geben.

Manchmal herrscht das Missverständnis, dass es bei der Mitarbeiterführung in den Kitas hauptsächlich um die Dienstplanung und Zufriedenheit der MitarbeiterInnen geht. Sicher sind dies wichtige Ziele, die mit einem effektiven Personalmanagement verfolgt werden, allerdings sind sie dem Hauptzweck untergeordnet: eine Organisation am Markt zu behaupten und zur Erfüllung der Aufgaben der Einrichtung beizutragen. Dieses Hauptziel darf nie aus den Augen verloren werden.

Betriebswirtschaftlich ausgedrückt heißt das: Ökonomische Ziele im Bereich Personal sind die Leistungssteigerung, Innovationsförderung, Kreativitätsnutzung und Kostenminimierung; soziale Ziele sind die Arbeitsplatzsicherheit und Arbeitszeitgestaltung, das Erfüllen der Fürsorgepflicht des Arbeitgebers, die Mitarbeitermotivation und die Ermöglichung von Mitbestimmung.

Zwei Beispiele dazu aus dem Kindergartenalltag:

- Bereits vor einigen Jahren war klar, dass mit den rückgehenden Kinderzahlen eine Konkurrenz zwischen den Einrichtungen entstehen würde. Die Kitas könnten dann die größten Chancen haben zu „überleben", die aus Sicht der Eltern das beste Angebot machten. Für die Kundensicht der Eltern spielt z. B. das Angebot an Öffnungszeiten eine wichtige Rolle, um Kinderbetreuung und Erwerbstätigkeit miteinander vereinbaren zu können. Trotzdem ging man in manchen Einrichtungen nur sehr zögerlich an die Veränderung der gewohnten 6-stündigen Öffnungszeiten heran. Der Grund war in vielen Fällen, dass die MitarbeiterInnen selbst kaum bereit waren, ihre Arbeitszeiten umzustellen, weil diese sich mit der Erfüllung ihrer eigenen familiären Verpflichtungen gut vereinbaren ließen. Selbstverständlich ist die Berücksichtigung der persönlichen Situation der MitarbeiterInnen ein wichtiger Faktor bei der Gestaltung der Arbeitszeit und Aufgaben wie die Betreuung von Kindern oder die Pflege von alten oder behinderten Angehörigen sind zwingend zu berücksichtigen. Dass daran eine notwendige Angebotsumstellung gänzlich scheitert, kann allerdings nicht sein.
- Das Personal von Kindertageseinrichtungen ist sehr interessiert und aktiv in beruflicher Fort- und Weiterbildung. Dies spricht für die Professionalität des Berufsstandes. Die Auswahl der einzelnen Qualifizierungsmaßnahmen erfolgt aber häufig nach dem „Lustprinzip". Die Fortbildungsprogramme verschiedener Anbieter werden gewälzt und Bildungsmaßnahmen nach Belieben und persönlichem Zeitplan gebucht. Um den Herausforderungen im Feld gewachsen zu sein und um ein optimales Kosten-Nutzen-Verhältnis für die Kita zu erzielen, ist eine Weiterqualifizierung des Personals aber auf die Themen und Kompetenzen zu orientieren, die für den Erhalt der Einrichtung und die Anpassung an neue fachliche Entwicklungen notwendig sind.

Um Personalmanagement in der Kita erfolgreich zu gestalten, in guter Arbeitsatmosphäre Entscheidungen im Einklang aller Interessen zu treffen und sich so als Betreuungseinrichtung zur Zufriedenheit von Anbietern und Nachfragern weiterzuentwickeln, kann dieses Buch Ihnen helfen und Informationen geben. Im Nachfolgenden sollen in mehreren Etappen die für eine Kita wesentlichen Aufgaben und Funktionen im Bereich Personal vorgestellt werden. Sie erfahren mehr über Methoden und Instrumente, Ausgestaltungsmöglichkeiten, Chancen und Grenzen eines Bereichs, der letztlich die Grundlage aller guten Arbeit in Ihrer Kita ist. Erleichtern Sie sich und anderen die Arbeit, schaffen Sie Vertrauen und erreichen Sie Ihre Ziele.

Ein Hinweis vorweg: Auch Personalmanagement betrifft Frauen und Männer, an die sich dieses Buch gleichermaßen richtet. Um die Lesbarkeit des Textes zu erhöhen, verzichten wir meist auf die korrekte, aber langatmige Nennung sowohl der männlichen und weiblichen Wörter und Endungen – durchaus wissend, dass im Kita-Bereich sehr viele Männer arbeiten.

Viel Vergnügen und Erfolg beim bewussten Umgang mit Menschen!

2. Wer ist am Personalmanagement beteiligt?

In der Personalverwaltung im alten Stil konnten die zu diesem Aufgabengebiet gehörenden Maßnahmen und Tätigkeiten separat von dafür zuständigen Spezialisten ausgeführt werden. In einem modernen Personalmanagement hingegen sind alle Maßnahmen mit den übrigen Unternehmensaktivitäten verschränkt und können nicht isoliert entschieden und eingesetzt werden. Aus diesem Grund sind die Beteiligten, die Akteure des Personalmanagements nicht mehr wenige Spezialisten in Arbeitsrecht, Tarifrecht und Verwaltung, sondern alle MitarbeiterInnen. Den Führungskräften kommt eine besonders bedeutende Rolle zu.

Dieses Kennzeichen der heutigen Mitarbeiterführung, eines modernen Personalmanagements sollte im Bereich der Kitas besonders in den Blick genommen werden. Durch die Besonderheiten der Trägerlandschaft, die von kleinen Trägern geprägt ist, gibt es eine Vielfalt von Organisationsformen, die die Aufgaben des Personalmanagements ganz unterschiedlich verteilen. Dabei gibt es sowohl das eine Extrem, dass die Einrichtungsleiterin die Gesamtverantwortung für das Personalmanagement mit allen Maßnahmen und Instrumenten hat, ohne dass sie auf diese Aufgabe vorbereitet wäre. Das andere Extrem ist, dass die Maßnahmen ohne Einbeziehung der Leiterin ergriffen werden, diese aber mit den Folgen umgehen muss.

In diesem Kapitel soll versucht werden, die unterschiedlichen Organisationsformen darzustellen und sinnvolle Verteilungen von Verantwortungen und Kompetenzen bezogen auf die unterschiedlichen Trägerformen aufzuzeigen. Dabei unterscheiden wir zwischen folgenden Trägerformen:

- Kleine Träger ohne Unterstützungssystem
- Kleine Träger mit Unterstützungssystem
- Größere Träger im kommunalen Bereich
- Große „unabhängige“ Träger

Vor einer konkreten Anwendung auf den Kita-Bereich ist es einführend notwendig, die Akteure des Personalmanagements, ihre Funktionen und Verantwortungen allgemein darzustellen.

Üblicherweise unterscheidet man zwischen individuellen und kollektiven Akteuren des Personalmanagements. Zu den individuellen zählen die MitarbeiterInnen und die Führungskräfte, zu den kollektiven Akteuren die Mitarbeitervertretung und die Personalabteilung.

2.1 Individuelle Akteure

MitarbeiterInnen

Im Kita-Bereich sind vorwiegend Angestellte, Auszubildende im weiteren Sinn und PraktikantInnen tätig.

Das Personalmanagement unterscheidet grundsätzlich zwischen verschiedenen Typen von MitarbeiterInnen:

- ArbeitnehmerInnen, dazu gehören ArbeiterInnen, Angestellte, Auszubildende und PraktikantInnen bzw. Volontäre
- Arbeitnehmerähnliche
- LeiharbeiterInnen
- BeamtInnen

Kennzeichnend für alle ArbeitnehmerInnen, wie sie auch in den Kitas zumeist beschäftigt sind (im Unterschied z. B. zu BeamtInnen), ist, dass sie in einem durch einen Vertrag privatrechtlich geregelten Abhängigkeitsverhältnis zum Arbeitgeber stehen. Sie schulden diesem gegen Entgelt Dienste in einem bestimmten zeitlichen Umfang und sind ihm weisungsgebunden.

Führungskräfte

Unter Führungskräften versteht man MitarbeiterInnen, die das formale Recht besitzen, anderen Personen Weisungen zu erteilen, denen diese zu folgen verpflichtet sind.

Hinzu kommt eines oder mehrere der drei folgenden Merkmale (vgl. „Leitender Angestellter" nach dem Betriebsverfassungsgesetz § 5 Abs. 3):

- zur selbstständigen Einstellung oder Entlassung von ArbeitnehmerInnen berechtigt sein,
- Generalvollmacht oder eine bedeutende Prokura zu besitzen,
- Entscheidungen im Wesentlichen frei von Beeinflussung treffen oder diese Entscheidungen maßgeblich beeinflussen zu können.

Am bedeutendsten für die Unterscheidung erscheint aber die allen Führungskräften gemeinsame Aufgabe zu sein, dass sie die Interessen der Träger bei allen personalpolitischen Entscheidungen zu vertreten und diese gegenüber den MitarbeiterInnen durchzusetzen haben. Sie haben sicher zu stellen, dass die ihnen unterstellten MitarbeiterInnen im Sinne der Trägerinteressen handeln.

Gerade diese letzte, allen Führungskräften zukommende Aufgabe fällt einer Leitungsperson in der Kita nicht immer leicht. Ihr stehen ihre MitarbeiterInnen als pädagogische Fachkräfte, was Ausbildung, fachliche Interessen und Meinungen anbelangt, oft viel näher als der Träger. Aber nur, wer als Leiterin einer Kindertageseinrichtung diesen Perspektivenwechsel schafft, kann seine Rolle als Führungskraft innerhalb des modernen Personalmanagements, das den Führungskräften wesentlich mehr Kompetenzen überträgt, wahrnehmen und ihr gerecht werden.

Die Aufgabenaufteilung zwischen Führungskräften und den Personalabteilungen kann sehr unterschiedlich sein. Es gibt Unternehmen, die ihren Führungskräften alle individuellen personalpolitischen Maßnahmen (Einstellung, Entlassung, Abmahnungen, Entscheidungen über Teilzeitanträge, über Fortbildungsanträge, Personaleinsatz, Überstundenanordnung etc.) in eigenständiger Verantwortung übertragen. Lediglich Maßnahmen, die kollektive Regelungen des Gesamtunternehmens betreffen, müssen noch über die Personalabteilungen des Trägers abgestimmt werden. Bei der Erarbeitung dieser kollektiven Regelungen, wie Konzepte für den Vorruhestand, Sozialauswahl bei betriebsbedingten Kündigungen, betriebliche Vereinbarungen, hat die Personalabteilung nur initiierende, unterstützende und koordinierende Aufgaben.

Wie viele personalpolitische Maßnahmen in die Entscheidungskompetenz z. B. einer Kita-Leiterin übertragen werden sollen und können, hängt von den Möglichkeiten und der Verfasstheit des Trägers ab. Deshalb kann dieses Thema nur bei gleichzeitiger Betrachtung der Trägerstrukturen konkretisiert werden. Vorher müssen die allgemeinen einführenden Bemerkungen aber nur um den wichtigen Aspekt der kollektiven Akteure ergänzt werden:

2.2 Kollektive Akteure

Mitarbeitervertretung

Die Rechte und Pflichten des Betriebsrats, der für alle Betriebe mit mehr als fünf MitarbeiterInnen zugelassen werden muss, sind im Betriebsverfassungsgesetz (BetrVG) geregelt.

> Das BetrVG gilt nicht in kirchlichen Einrichtungen, deren Anteil an Kitas sehr hoch ist: nach Zahlen des Statistischen Bundesamts von 2002 über 60 Prozent. In kirchlichen Einrichtungen gelten hingegen speziell für diese verfasste Regelungen, die sich in manchen Punkten dem BetrVG annähern, in anderen aber auch stark unterscheiden. Sie variieren selbst zwischen evangelischer und katholischer Kirche. Die Grundprinzipien und die Bedeutung der Mitarbeitervertretung sind aber für alle Einrichtungen gleich.

Die Mitarbeitervertretung hat die Aufgabe, den sozialen Schutz der ArbeitnehmerInnen sicherzustellen. Von dieser Aufgabe leiten sich ihre Rechte und Pflichten ab. Manche Rechte werden erst wirksam, wenn der Betrieb eine bestimmte Anzahl von Arbeitnehmern beschäftigt. So beginnt das Recht auf Information über Einstellungen, Versetzungen, Ein- und Umgruppierungen erst in Betrieben mit mehr als zwanzig Beschäftigten und das Recht auf Initiierung von Auswahlrichtlinien für Neueinstellungen erst in Betrieben mit mehr als 1 000 Beschäftigten.

Grundsätzlich kann man zwischen Mitwirkungsrechten und Mitbestimmungsrechten unterscheiden.

Zu den Mitwirkungsrechten gehören

- das Informationsrecht, z. B. über Personalplanung, Stellenausschreibungen
- das Beratungsrecht, z. B. bei der Personalplanung
- das Einsichtsrecht, z. B. in Personalplanungsakten oder Bewerbungsunterlagen
- das Anhörungsrecht, z. B. bei Kündigungen

Zu den Mitbestimmungsrechten gehören

- das Initiativrecht, z. B. bei Stellenausschreibungen, sozialen Angelegenheiten
- das Zustimmungs- oder Vetorecht, d. h., dass Maßnahmen ohne Zustimmung der Mitarbeitervertretung nicht ergriffen werden können, sie kann Veto einlegen, z. B. bei sozialen Angelegenheiten, Personalbeurteilung, Auswahlrichtlinien
- das Widerspruchsrecht, z. B. gegen eine geplante Maßnahme, wie der Abberufung eines betrieblichen Ausbilders

Eine gute Mitarbeitervertretung hat entscheidende Vorteile. Sie bietet die Möglichkeit einer kollektiven Äußerung von Mitarbeiterinteressen, so dass das Unternehmen und seine Führungskräfte sich nicht mit jedem Einzelnen einigen müssen. Es konnte empirisch belegt werden, dass sich die Stärke eines Betriebsrats positiv auf Fluktuation, die Innovationstätigkeit und Arbeitsproduktivität auswirkt.

Personalabteilung

Die weithin unumstrittene Funktion einer Personalabteilung in einem Unternehmen ist die Verantwortung für die Personalverwaltung, insbesondere Gehaltsabrechung und Führung der Personalakten. Inwieweit eine Personalabteilung aber Entscheidungskompetenzen innerhalb des strategischen Personalmanagements innehat, hängt davon ab, welche Rolle den Führungskräften und Linienvorgesetzten zugewiesen ist. Der Trend geht dahin, die Personalabteilungen als Experten für Personalmanagement und seine Instrumente zu sehen. Sie haben einerseits einen hohen Einfluss bei der Unternehmensleitung und unterstützen andererseits die

Führungskräfte in den einzelnen Unternehmensbereichen (Fachabteilungen) z. B. durch Beratung und Organisation von Fortbildung für die MitarbeiterInnen.

Ein eher neuer Trend ist ebenfalls das Outsourcing zumindest einiger Dienstleistungen, die üblicherweise die Personalabteilung erbringt. Dazu gehören etwa die Personalbeschaffung und -entwicklung, letztere mit Stärken-Schwächen-Analysen und Personalbeurteilungen.

Im Kita-Bereich sind solche Überlegungen nur dort angebracht, wo es – wie bei den wenigen ganz großen Trägern oder bei den größeren Kommunen – eine eigene Personalabteilung gibt.

2.3 Organisation des Personalmanagements im Kita-Bereich

Kleine Träger ohne Unterstützungssystem

Mit kleinen Trägern ohne Unterstützungssystem sind insbesondere kleine Gemeinden oder Vereine gemeint, die alle Aufgaben, die zur Betriebsführung notwendig sind, mit dem in der Kita tätigen pädagogischen Personal und einigen ehren- oder nebenamtlich Engagierten bewältigen müssen. Zu diesen Aufgaben gehört neben Finanzmanagement, Konzeption u.a., wie sie Fthenakis et al. (2003) bei den zehn Dimensionen der Trägerqualität nennt, auch das Personalmanagement.

Wegen der fehlenden personellen Ressourcen für diese Aufgabe werden viele mögliche Personalmanagement-Instrumente hier oft nicht angewendet. Für die Personalbedarfsberechung hält man sich an die gesetzlichen Vorgaben und nutzt vorhandene Spielräume meist nicht. Personalbedarfsplanung wird nur in ganz geringem Umfang betrieben, etwa indem man sich vor Antritt der Elternzeit einer Mitarbeiterin bereits vorausschauend nach Ersatz umsieht. Ebenso erfolgt häufig wenig Personalwerbung. Die Einstellung des Personals richtet sich selten nach einem professionell erarbeiteten Verfahren, die Einbindung der Einrichtungsleiterin ist nicht immer garantiert, obwohl sie doch danach die direkte Linienvorgesetzte ist. Sie entscheidet als solche über den Personaleinsatz und übernimmt andere Führungsaufgaben, wie die regelmäßigen Teamgespräche zu leiten und Fachaufsicht auszuüben.

Personalentwicklung findet nur dann statt, wenn die Leiterin diese Aufgabe zu ihrer eigenen macht und ihre MitarbeiterInnen bezogen auf die Weiterentwicklung der Kita oder zukünftig vakant werdender Stellen gezielt an bestimmten Bildungsmaßnahmen teilnehmen lässt. In diesem Fall muss die Leiterin unbedingt in die Entscheidung über die Teilnahme an Fortbildungsmaßnahmen einbezogen sein und vermieden werden, dass jede Mitarbeiterin dies direkt mit dem Trägervertreter selbst abstimmt.

Bei kleinen Trägern, die außer dem pädagogischen Personal keine hauptamtlichen Personalressourcen haben, sollte das Personalmanagement weitgehend der Kita-Leitung übertragen werden. Sie hat als Führungskraft den größten Einblick in die Entwicklung des Unternehmens Kita und ist durch ihren täglichen Kontakt mit fast allen MitarbeiterInnen über deren Stärken und Schwächen, ihre Interessen und Möglichkeiten am besten informiert.

Auf eine solch große Verantwortung, insbesondere für die Führungsinstrumente, sollte die Leiterin aber intensiv bei einem erfahrenen Bildungsträger vorbereitet werden. Einen guten Überblick über die Gesamtpalette der Aufgaben des Personalmanagements kann auch Fachliteratur wie dieses Buch bieten.

Kleine Träger mit Unterstützungssystem

Insbesondere im kirchlichen Bereich, aber auch bei vielen Wohlfahrtsverbänden und in manchen Kreisen gibt es für die kleinen Träger ein ausgebautes Unterstützungssystem.

Das ist einmal die so genannte „Fachberatung“: Sie informiert regelmäßig über alle fachlichen Entwicklungen im Feld, organisiert Fortbildungsveranstaltungen; für die entsprechende Weiterentwicklung der Konzepte bei konkreten Umsetzungsvorhaben gibt es eine Prozessberatung, im akuten Problemfall eine Krisenintervention und die Vermittlung weiterer Hilfe. Daneben sind die FachberaterInnen für alle aufkommenden Fragen ansprechbar. Dies betrifft auch die Dinge in der Betriebsführung, die nicht unmittelbar mit dem pädagogischen Auftrag zu tun haben, wie z. B. die Folgen aus dem Infektionsschutzgesetz, dem Arbeitszeitgesetz etc.

Für die meisten kleinen Träger gibt es außerdem einige Verwaltungsdienstleistungen wie die Personalabrechnung, die Führung der Personalakten und die Buchhaltung. Bei den kleinen Kommunen besorgen dies üblicherweise die Verbandsgemeindeverwaltungen, bei den kirchlichen Einrichtungen eigens dafür eingerichtete Verwaltungsstellen.

Wie man sieht, werden bei den kleinen Trägern mit Unterstützungssystem die Aufgaben des Personalmanagements von unterschiedlichen Stellen wahrgenommen. Die Aufgaben einer klassischen Personalabteilung übernehmen die Verwaltungsstellen. Teile der Personalentwicklung übernimmt die Fachberatung, die auch auf Wunsch des Trägers oder der Leitung meist in die Teamentwicklung oder Lösung von Teamkonflikten eingebunden ist. Die Beratung der Fachberatung kann auch dazu führen, dass der Träger die Kita-Leitung in wichtigen Fragen, z. B. bei der Personaleinstellung zum ersten Mal maßgeblich beteiligt, sie kann aber diesen notwendigen Einbezug nicht gegen den Willen des Trägers herbeiführen. Die Darstellung dieser Situation macht bereits deutlich, dass die Koordination der vielfältigen Beteiligten zu einem zusammenhängenden Personalmanagement-Konzept außerordentlich schwierig ist. Sie ist nur möglich, wenn alle Beteiligten sich auf gemeinsame Ziele einigen und dann in der Umsetzung am gleichen Strang ziehen. Es muss ein Bewusstsein dafür vorhanden sein, was Personalmanagement ist und dass die einzelnen Maßnahmen ihre Wirkung nur im Gesamtzusammenhang aller Maßnahmen entfalten können.

Größere Träger im kommunalen Bereich

Manche Städte sind selbst Träger von mehreren Einrichtungen, die Größenordnung liegt meist im zweistelligen Bereich. Auch diese Trägerkonstellation hat direkte Folgen für das Personalmanagement.

Wie in einer großen Firma ist die Stadtverwaltung in einzelne Ämter und Abteilungen aufgeteilt. Dementsprechend werden alle mit der Betriebsführung von Kitas verbundenen Aufgaben über viele Stellen verteilt wahrgenommen. Auch Fragen des Personalmanagements werden einerseits in der Personalverwaltung, andererseits von den fachlich zuständigen AbteilungsleiterInnen oder ReferentInnen in den Jugendämtern und den LeiterInnen der einzelnen Einrichtungen bearbeitet. Die konkrete Aufteilung der Aufgaben unterscheidet sich von Kommune zu Kommune. Viele haben ihre Verwaltungen inzwischen so modernisiert, dass die einzelnen Ämter kein abgeschottetes Eigenleben mehr führen. Die Trennung der einzelnen Ämter und ihr teilweise wenig koordiniertes, unabhängiges Agieren behindert ein modernes Personalmanagement, das gerade auf einer engen Zusammenarbeit zwischen Verwaltung und Führungskraft beruht. Nur so können alle Führungskräfte bei strategischen auch das Personal betreffenden Grundsatzentscheidungen gemeinsam wirken.

Für den Betrieb von kommunalen Kitas sind deshalb folgende Aspekte zu beachten:

- Die fachlich zuständige Führungskraft für alle Kitas wird in das Personal betreffende Grundsatzentscheidungen eingebunden. – Beispiel: Eine Wiederbesetzungssperre von sechs Monaten kann in einer Verwaltungseinheit eventuell verkraftet werden. In einer Kita, in der täglich Kinder sind, muss allein aus Sicherheitsgründen ausreichend Personal vorhanden sein.
- Die Personalverwaltung arbeitet eng mit den fachlich zuständigen Führungskräften zusammen. – Beispiel: Bei der Einstellung von Personal für die einzelne Einrichtung wird die Kita-Leiterin von Anfang an eingebunden.
- Die Abläufe der Zusammenarbeit sind beschrieben und den Beteiligten bekannt. – Beispiel: Bei einer Stellenausschreibung muss klar sein, wer wann welche Arbeitsschritte macht, welche Vorgaben es gibt und wer die Verantwortung für die Veröffentlichung hat.
- Die Personalabteilung unterstützt die fachlich zuständige Verantwortliche für alle Einrichtungen und diese die Kita-LeiterInnen durch Beratung und Bereitstellen von Spezialwissen. – Beispiel: Es soll eine Stärken-Schwächen-Analyse für das Personal der Kitas eingeführt werden. Die Personalabteilung informiert über dafür existierende Instrumente. Auf dieser Grundlage und unterstützt durch die Beratung der Fachleute in der Personalabteilung

wird mit den Kita-LeiterInnen ein Verfahren erarbeitet, das dann von allen durchgeführt werden kann.
- Es gibt eine transparente Zuordnung von Entscheidungsbefugnissen. – Beispiel: Die Einrichtungsleiterin entscheidet über die Einstellung von PraktikantInnen und Vertretungskräften, über die Gewährung von Urlaub, genehmigt Mehrarbeitszeit und ihre Abgeltung.

Große „unabhängige" Träger

Eine andere Situation mit anderen Bedingungen auch für Personalmanagement entsteht dort, wo ein Träger nur Kitas, diese aber in großer Zahl betreibt. Durch die Größe und die Ressourcen, die sich daraus ergeben, können für die Wahrnehmung der Trägeraufgaben hauptamtliche Fachleute eingestellt werden. Im Gegensatz dazu haben die meist ebenso großen Kommunalverwaltungen, die über qualifiziertes hauptamtliches Personal verfügen, aber eine Vielfalt von Aufgaben, von denen die Trägerschaft von Kitas nur ein kleiner Teil ist. Ein Träger, der nur Kitas betreibt, hat also mehr Möglichkeiten, seine Organisation auf die spezifischen Bedürfnisse der Einrichtungen abzustimmen. Die bei einem solchen Träger beschäftigten Fachleute haben ein spezifisches Wissen erworben, das dem Träger und seinen Einrichtungen sehr zugute kommt.

In der Mehrzahl haben solche Träger die Rechtsform der gGmbH. Andere Rechtsformen wie Verein oder Stiftung sind ebenfalls möglich.

Im Folgenden soll am Beispiel der drei Katholischen KiTa gGmbHs des Bistums Trier eine konkrete Organisation der auf das Personal bezogenen Aufgaben aufgezeigt werden, die sich an den Anforderungen eines modernen Personalmanagements orientiert. Andere Aufteilungen und Zuordnungen, die ebenfalls diese Anforderungen erfüllen, sind möglich.

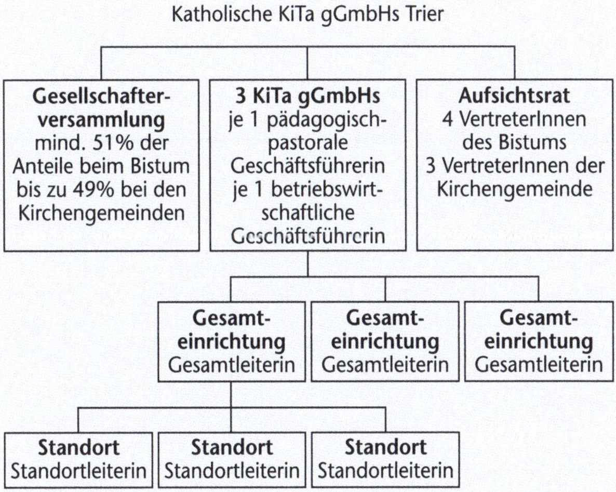

In jeder der drei KiTa gGmbHs gibt es je eine Geschäftsführerin oder einen Geschäftsführer, der eine pädagogische oder pastorale Grundausbildung hat und einen, der eine betriebswirtschaftliche Grundausbildung hat. Da beide die Geschäfte gemeinsam verantworten, kommen bereits auf der Ebene der Geschäftsführung die pädagogisch-fachliche und die betriebswirtschaftlich-verwalterische Kompetenz zusammen.

Die Gesamtleitungen bilden die mittlere Führungsebene, die jeweils ca. zehn einzelne Kindertageseinrichtungen leiten, die zu einer Gesamteinrichtung zusammengefasst sind. Jeder dieser Standorte hat weiterhin eine eigene Standortleiterin.

In der Geschäftsstelle jeder gGmbH gibt es Personal für die Personalverwaltung. Die Gehaltsabrechnung wird als Dienstleistung vom Mehrheitsgesellschafter Bistum zur Verfügung gestellt.

Auch Beratungen in allgemeinen arbeitsrechtlichen Fragen und Informationen über für den Betriebsträger so vieler Einrichtungen wichtige neue Regelungen werden von der Verwaltung des Bistums zur Verfügung gestellt.

Die übrigen Aufgaben, die sich im Personalmanagement stellen, sind hier folgendermaßen verteilt:

Personalbedarfsplanung

Personalbedarfsplanung ist die Hauptaufgabe der Gesamtleiterin. Sie eruiert den Personalbedarf auf Grund neuer Angebote, der Vergrößerung oder Verringerung der Gruppenzahl. Sie klärt den Personalbedarf mit den verschiedenen Kostenträgern. Bei größeren Veränderungen stimmt sie den von ihr errechneten Personalbedarf mit der Geschäftsführung ab. Sie lässt sich von der Standortleiterin beraten.

Personalwerbung und Personaleinstellung

Für die Personalwerbung, hier insbesondere die Gestaltung von Stellenanzeigen, gibt es klare Vorgaben der Geschäftsführung. Das Einstellungsverfahren ist in einer Verfahrensregelung festgelegt. Beide Vorgaben wurden in Zusammenarbeit mit den Gesamtleitungen erstellt. Die direkten Vorgesetzten, d. h. die StandortleiterInnen sind von Beginn an in das Einstellungsverfahren von GruppenleiterInnen und MitarbeiterInnen in der Gruppe einbezogen. Sie prüfen die Bewerbungsunterlagen, treffen eine Vorauswahl der BewerberInnen, die zum persönlichen Vorstellungsgespräch eingeladen werden und nehmen an den Auswahlgesprächen teil. Eine Entscheidung wird nicht gegen ihr Votum getroffen. Die Einstellung von PraktikantInnen und Kurzzeitvertretungskräften können sie selbst entscheiden und bei der Personalverwaltung veranlassen. Bei Vertretungskräften für längere Zeit und bei unbefristet eingestelltem Personal trifft die Gesamtleitung die endgültige Entscheidung für die Einstellung. Für die Bewerbungsgespräche gibt es einen Leitfaden zu Fragebereichen, die ergänzt werden können.

Die Einstellung der StandortleiterInnen wird von der Geschäftsführung selbst entschieden, wobei die zuständige Gesamtleitung einbezogen wird. Die Arbeitsrechtsberatung sorgt für das korrekte Formulieren der Arbeitsverträge. Die Personalverwaltung kümmert sich um die Ausstellung der Verträge, die

Anmeldung beim Gehaltsabrechnungszentrum und andere Verwaltungsanteile im Verfahren.

Personalentwicklung

Für die Feststellung des Fort- und Weiterbildungsbedarfs gibt es ebenfalls eine Vereinbarung zur Fortbildungsplanung. Sie dient insbesondere dazu, die Themen herauszufinden, die in einer Gesamteinrichtung bearbeitet werden müssen und für die unterschiedliche Maßnahmen im Rahmen eines bestimmten Budgets geplant werden. Diese Planung geschieht in direkter Zusammenarbeit mit den StandortleiterInnen. Teilweise kann die Standortleiterin über einen Teil des Budgets für Maßnahmen auf Standortebene selbst entscheiden. Die Planung von Maßnahmen bezogen auf einzelne MitarbeiterInnen erfolgt derzeit noch fast ausschließlich auf aktuelle oder zukünftige Leitungspersonen bezogen. Hier entscheiden die Gesamtleitungen zusammen mit der Geschäftsführung. Dies betrifft auch spezifische Maßnahmen der Leitungsunterstützung wie Supervision und Coaching.

Personaleinsatz

Der Personaleinsatz in den Standorten obliegt der Standortleiterin. Die Einsätze sind in Personaleinsatzplänen festgehalten, die ebenfalls von ihr erstellt und verantwortet werden. Um Aushilfe in Notfällen zu ermöglichen, kann die Gesamtleitung aber über einen standortübergreifenden Einsatz entscheiden. Dies geschieht dann, wenn durch den unerwarteten Ausfall mehrerer MitarbeiterInnen, z. B. durch Krankheit, die Aushilfe aus einem anderen Standort eine kurzfristige Einrichtungs- oder Gruppenschließung vermeiden hilft. Um diese Fälle so gering wie möglich zu halten, gibt es konkrete Vertretungspläne vor Ort, so dass der „Notfall", der zu einem standortübergreifenden Einsatz führt, genau definiert ist.

Dienst- und Fachaufsicht, Personalbeurteilung

Die Fachaufsicht wird jeweils von der direkten Vorgesetzten gewährleistet. Die Aufsicht über die Erfüllung der Dienstverpflichtungen (Einhalten von Arbeitzeiten u.a.) hat ebenfalls der direkte Vorgesetzte. Sind dienstrechtliche Maßnahmen wie Abmahnungen notwendig, so werden diese von der Dienstvorgesetzten, also der Gesamtleitung verantwortet. In solchen Fällen wird die Geschäftsführung ebenfalls einbezogen. Wenn aus irgendeinem Grund, wie etwa für einen Bewährungsaufstieg, die Beurteilung der Arbeitsleistung einer Mitarbeiterin notwendig wird, so macht zunächst die direkte Vorgesetzte die erforderlichen inhaltlichen Angaben. Verantwortlich unterzeichnet werden sie von der Dienstvorgesetzten, d. h. von der Gesamtleitung bzw. bezogen auf die Gesamtleitung von der Geschäftsführung selbst.

Die Organisation der Aufgaben und Tätigkeiten von Personalmanagement, wie sie das Beispiel der KiTa gGmbHs erläutert, zeigt ein enges Zusammenwirken aller Führungskräfte. Die Personalabteilungen und andere Verwaltungsstellen sind deutlich auf ihre Dienstleisterrolle festgelegt. Für viele der Aufgaben gibt es schriftliche Konzepte oder Prozessbeschreibungen (Einstellungsverfahren, Bewerbungsgespräche, Fortbildungsplanung), die die Aufgaben jedes einzelnen Beteiligten klären und ein bestimmtes fachliches Niveau sichern.

Dieses Beispiel kann als Anregung für die Aufteilung der Aufgaben des Personalmanagement dienen. Diese werden nachfolgend näher erläutert.

Wichtig ist in allen Trägerformen, dass
- die Aufgabenverteilung überhaupt geregelt ist,
- diese transparent ist,
- die Aufgaben bewusst wahrgenommen werden,
- alle Beteiligten gut und eng zusammenarbeiten,
- die Führungskräfte in alle Entscheidungen über Personalmaßnahmen maßgeblich einbezogen werden.

Welche Aspekte bei der Personalplanung für die Kita-Leitung besonders interessant sind, soll jetzt genauer erläutert werden.

3. Ausgangspunkt – die Personalplanung in der Kita

Welches und wie viel Personal man braucht, ist die grundlegende Frage, die immer zu klären ist, bevor man MitarbeiterInnen einstellt, sie fördert, bedarfs- und kompetenzgerecht einsetzt, bezahlt und verwaltet – und bisweilen auch wieder entlässt. Die Antwort auf die Eingangsfrage kann aber nicht ein für alle Mal gegeben werden, weil sich die Anforderungen an das Unternehmen Kita immer wieder ändern. War Ende der 1980er Jahre eine Ausweitung der Betreuungszeiten und Betreuungsintensität die große Herausforderung, so steht jetzt eine Akzentuierung der Bildungsarbeit im Vordergrund. Beiden Erwartungen der Umwelt an die Kitas ist gemeinsam, dass auch das Personal sich neuen Aufgaben und Anforderungen gegenüber sieht. Für die Verantwortliche des Personalmanagements heißt dies, dass sie prüfen muss, ob die vorhandenen MitarbeiterInnen den neuen Aufgaben gewachsen sind und ob die Personaldecke zur Erfüllung der neuen Verpflichtungen ausreicht. Die Personalplanung ist also ein sehr bedeutender Bereich des Personalmanagements.

Man unterscheidet vier Dimensionen der Personalplanung:

- die Qualifikation der benötigten MitarbeiterInnen (qualitative Dimension)
- die Anzahl der benötigten MitarbeiterInnen (quantitative Dimension)
- der Ort, an dem diese MitarbeiterInnen benötigt werden (räumliche Dimension)
- der Zeitpunkt, zu dem diese MitarbeiterInnen benötigt werden (zeitliche Dimension)

Die beiden ersten sind die wichtigsten, so dass sich die folgende Aufteilung des Planungsprozesses in einzelne Schritte an der Unterscheidung zwischen quantitativer und qualitativer Dimension orientiert. Die beiden übrigen Dimensionen werden in den letzten, den Planungsprozess abschließenden Schritten behandelt.

1. Schritt: Welche Aufgaben sind in meiner Einrichtung jetzt und in Zukunft zu erfüllen?
2. Schritt: Welche formalen Qualifikationen braucht der Betrieb, um den jetzigen und zukünftigen Aufgaben gerecht zu werden?
3. Schritt: Welche sonstigen Fähigkeiten oder persönlichen Kompetenzschwerpunkte sind für die Aufgabenerfüllung erforderlich bzw. wünschenswert?
4. Schritt: Wie viel Personal mit den erforderlichen Qualifikationen brauche ich zur Umsetzung meiner Aufgaben? – Personalbemessung
5. Schritt: Wo soll das benötigte Personal eingesetzt werden?
6. Schritt: Wann wird das Personal benötigt?

3.1 Qualitative Personalplanung

In den ersten drei Schritten wird die qualitative Dimension der Personalplanung ausgeführt. Der vierte Schritt betrifft die quantitative Dimension. Die Schritte fünf und sechs sind der räumlichen und zeitlichen Dimension zugeordnet.

1. Schritt: Welche Aufgaben sind zu erfüllen?

Eine genaue Analyse des Aufgabenspektrums einer Kita ist die Grundlage für die nachfolgende Personalbedarfsplanung. Die Aufgaben, die in einer Kita zu erfüllen sind, hängen stark von deren Angebotsstruktur ab: Wie sind die Öffnungszeiten, wird ein Mittagessen angeboten, wie alt sind die betreuten Kinder? Manchmal legen besondere Förderbedarfe der betreuten Kinder einen Arbeitsschwerpunkt nahe: Wie hoch ist der Anteil an Migrantenkindern? Betreuen wir behinderte Kinder? Daneben spielt Zuschnitt und Zustand des Gebäudes, in dem die Kita untergebracht ist, eine große Rolle. Wie groß ist das Gebäude und in welchem Zustand sind die technischen Anlagen? Für welche Wirtschaftstätigkeiten ist das Gebäude eingerichtet (Waschen, Kochen)? Wie groß ist das Außengelände und wie wird es genutzt? Bei der Beantwortung dieser Fragen stellt sich rasch heraus, dass es neben den pädagogischen Hauptaufgaben hauswirtschaftliche und technische Bereiche sowie Verwaltungsaufgaben gibt. Deshalb braucht der Betrieb einer Kindertageseinrichtung Personal mit unterschiedlichsten Qualifikationen.

2. Schritt: Welche formalen Qualifikationen braucht der Betrieb?

Zur Erfüllung der technischen Aufgaben genügt es meist, dass die Leiterin über einige Hausmeisterstunden verfügen kann. So kann sie dafür sorgen, dass das Außengelände in Ordnung ist, dass die Technik im Haus funktioniert. Sie kann notwendige kleine Reparaturen selbst ausführen. Alle weiteren Aufgaben müssen von Fachleuten ausgeführt werden, die man beauftragt.

Verwaltungsaufgaben – vom Einzug der Elternbeiträge, dem Einzug und der Abrechnung des Essensgeldes, der Buchführung zum Sachkostenbudget bis zum Schreiben von Briefen und Kinderlisten – gehören in vielen Kitas zu den Aufgaben der Leiterin. Deren formale Qualifikation als Erzieherin oder Sozialpädagogin ist keine ausreichende Zurüstung dafür. Außerdem ist es betriebswirtschaftlich nicht sinnvoll, die qualifizierte Pädagogin, die entsprechend besoldet ist, für die wesentlich preiswerter einzukaufenden Verwaltungsleistungen einzusetzen. Diese Situation ist häufig den jeweiligen Finanzierungsregelungen zu verdanken. Dort, wo nur das pädagogische Personal öffentlich gefördert wird, werden die Fachkräfte zu allen möglichen betriebsnotwendigen Arbeiten herangezogen. Es ist noch nicht allzu lange her, dass darum gekämpft werden musste, dass die sozialpädagogischen Fachkräfte nicht zu Putz- und Kocharbeiten herangezogen wurden. Auf Verwaltungsarbeiten bezogen, hat sich die Erkenntnis noch nicht überall durchgesetzt. Dabei sind für den Betrieb einer Kindertageseinrichtung so viele und schwierige Verwaltungsaufgaben zu bearbeiten, dass speziell dafür geschultes Personal eingesetzt werden muss. Auch der Teil der Verwaltungsaufgaben, der in der Kita direkt anfällt, also nicht die Gehaltsabrechung, Buchhaltung etc., sondern die zu Beginn des Absatzes genannten, kann von einer Verwaltungskraft schneller und besser erledigt werden. Wo die Finanzierungsregelungen es zulassen, sollte man deshalb eine solche auch vorsehen. Ist dies nicht möglich, ist die Kita-Leiterin für die Aufgaben zu qualifizieren und ihr sind entsprechende Zeiten zur Erledigung einzuräumen.

Für das Wirtschaftspersonal gibt es in den meisten Bundesländern keine Vorschriften zur Qualifikation. Das wäre für das Reinigungspersonal auch sicher überzogen. Bei den Hauswirtschaftskräften, die in der Küche arbeiten, müssen strengere Maßstäbe angelegt werden. Wird in der Kita lediglich bereits zubereitetes Essen verteilt oder Tiefkühlkost aufgewärmt, ist keine berufliche Qualifikation im hauswirtschaftlichen Bereich notwendig. Allerdings muss der Träger (bzw. in seinem Auftrag die Leitung) dafür sorgen, dass alle Küchenkräfte regelmäßig im Bereich der Hygieneverordnung geschult werden.

Wird das Essen in der Kita selbst frisch zubereitet, sind in einer Ausbildung erworbene hauswirtschaftliche Kenntnisse in jedem Fall wünschenswert. Für Kräfte ohne eine solche Ausbildung sollte in jedem Fall eine Grundqualifikation zu Fragen der Ernährung, Nahrungszubereitung bezogen auf das Kindesalter durch Fortbildung erworben werden.

Für die pädagogischen MitarbeiterInnen gibt es in den meisten Bundesländern genaue Auflagen zur formalen Qualifikation des Personals. Leitung und Gruppenleitung brauchen mindestens die Ausbildung als Erzieherin, für die so genannten Zweitkräfte gibt es nicht immer Regelungen; dort, wo dies refinanzierbar ist, werden die Zweitkraftstellen häufig mit ErzieherInnen besetzt.

Ohne hier die Diskussion über das Ausbildungsniveau der GruppenleiterInnen und EinrichtungsleiterInnen aufzugreifen, kann doch gesagt werden, dass die von Gesetzgeber oder Kostenträger gemachten Auflagen nie über Mindeststandards im Bereich der formalen Qualifikation hinausgehen. Es sollte also eine Selbstverständlichkeit sein, die Auflagen zu erfüllen. Tarifrecht und Zuschussbedingungen setzen feste Grenzen für die Besetzung von Stellen. Gerade auf Leitungsstellen ist aber die Möglichkeit einer Besetzung mit SozialpädagogInnen oder DiplompädagogInnen gegeben – eine Option, die von vielen Trägern bereits intensiv genutzt wird. Dies ist aus der Perspektive des Funktionierens des Betriebs nicht unbedingt immer sinnvoll, weil akademisch ausgebildete Fachkräfte selten die für eine Leitungsstelle hilfreiche Erfahrung in der Praxis des Einrichtungsbetriebs und der pädagogischen und organisatorischen Aufgaben erworben haben.

Die einseitige Festlegung auf die formale Qualifikation der Erzieherin muss nicht in jedem Fall von Vorteil sein. An die Fachkräfte in Kitas werden so vielfältige Anforderungen gestellt, dass nicht jede Einzelperson allem gerecht werden kann. Eine Aufteilung der Aufgaben ist aus diesem Grund manchmal sinnvoll. Diese Aufteilung kann es notwendig machen, dass die MitarbeiterInnen sich für die ihnen zugeteilten Aufgaben besonders qualifizieren müssen. Es ist aber auch möglich, dass schon bei der Personalwerbung nach einer Person mit einer anderen als der formalen Qualifikation der Erzieherin Ausschau gehalten wird. So können z. B. MusikpädagogInnen, BewegungstherapeutInnen o.Ä. durchaus sinnvoll in einer Kita eingesetzt werden.

Für die Aufteilung und Bewältigung aller Aufgaben ist aber die formale Qualifikation nicht allein ausschlaggebend und ausreichend. Sehr häufig sind andere Aspekte der Qualifikation, wie die persönlichen Stärken und Vorlieben von MitarbeiterInnen, in Fort- und Weiterbildung erworbene Kompetenzen oder auch in der Freizeit erprobte Fähigkeiten, eine wichtige Bereicherung oder eine notwendige Voraussetzung für die Erfüllung aller Aufgaben, die sich in einer Kita stellen. Aus diesem Grund ist der dritte Schritt der Personalplanung:

3. Schritt: Welche sonstigen Fähigkeiten oder persönlichen Kompetenzschwerpunkte sind erforderlich bzw. wünschenswert?

Ein bestimmter Kernbereich von Aufgaben ist für alle Kitas gleich. Auf diesen beziehen sich die im zweiten Schritt erwähnten Auflagen und Regelungen zur formalen Qualifikation des Personals. Daneben gibt es Aufgaben, die sich aus einer konzeptionellen Schwerpunktsetzung der Kita ergeben. Beispiele hierfür sind der „Bewegungskindergarten“, der „Waldkindergarten“ oder Waldorf- und Montessori-Kindergärten. Konfessionell gebundene Kitas haben einen besonderen Auftrag, der in ihrer Konzeption und in ihrer Arbeit sichtbar werden muss. Die Schwerpunktsetzung kann auch auf einem weniger umfassenden Niveau angesiedelt sein. So gibt es zeitlich begrenzte Projekte, die sich einer Thematik besonders widmen. Manche Kitas haben die Beschäftigung mit einem Bildungsbereich zu ihrem Markenzeichen gemacht. Zunehmend versuchen Kitas, den sehr spezifischen Betreuungsbedarfen nachzukommen, den z. B. Eltern mit Schichtdiensten, die manchmal die Wochenenden und die Nacht einschließen, haben. Diese Besonderheiten einer Kita sind wichtig, um sich auf dem Markt der Kinderbetreuung herauszuheben und durch ein eigenes Profil die Marktchancen zu erhöhen.

All diese Schwerpunkte bringen aber auch eine spezifische Aufgabenpalette mit sich, für die die entsprechenden Qualifikationen vorhanden sein müssen. Den Weg zur adäquaten personellen Ausstattung einer Kita unter qualitativen Aspekten wird nachfolgend aufgezeigt.

> Sie können auch den umgekehrten Weg gehen. Die konzeptionelle Ausrichtung einer Kita kann sich an den Kompetenzschwerpunkten des Personals orientieren. Diese Vorgehensweise ist vernünftig, wenn sie dem örtlichen Bedarf entspricht, die Kernaufgaben nicht vernachlässigt und eine echte Marktchance eröffnet.

3.2 Quantitative Personalplanung

Neben den qualitativen Gesichtspunkten, die bei der Personalplanung zu berücksichtigen sind, ist die rein quantitative Personalkapazität ein entscheidender Planungsaspekt.

4. Schritt: Wie viel Personal mit den erforderlichen Qualifikationen brauche ich zur Umsetzung meiner Aufgaben?

Der wichtigste Schritt der Personalbemessung ist eine an den Erfordernissen der pädagogischen Arbeit ausgerichtete quantitative Planung. Sie bildet die Grundlage für alle weiteren Schritte, in denen man sich mit den gesetzlichen Auflagen und Rahmenbedingungen auseinander setzen muss, die die Grenzen für die Realisierung setzen.

> In der Kita-Literatur sind wenig konkrete, fachlich begründete Kriterien zur Ermittlung des quantitativen Bedarfs zu finden. Im Rahmen des „Erprobungsprogramms im Elementarbereich" (1979) wurde eine Personalbesetzung von zwei Kräften pro Gruppe als für die Umsetzung des damals erprobten „situationsorientierten Ansatzes" für förderlich gehalten, allerdings in Abhängigkeit von der Gruppengröße. Die abzudeckende Öffnungszeit wurde nicht berücksichtigt. Auch die quantitativen Personalstandards, wie sie in den rechtlichen Regelungen vieler Bundesländer festgelegt sind, lassen keine Schlüsse darüber zu, welche Kriterien fachlicher Art für die jeweils gefundene Festlegung zu Grunde gelegt worden sind.

Die Methoden und Instrumente, die in der quantitativen Personalplanung von Wirtschaftsunternehmen Anwendung finden, sind wegen ihrer deutlichen Beschränkung auf Produktionsprozesse kaum für die Kita-Personalplanung anwendbar.

Die Leistungsvereinbarungen, die die Krankenkassen mit verschiedenen Pflegedienstleistern abschließen, sind eine Annäherung an Kriterien für einen Personalbedarf. Hier ist man den Weg der quantitativen Planung der Produktionswirtschaft gegangen, die gesamte Dienstleistung in Einzelschritte aufzuteilen, denen man – abhängig vom benötigten Personal und der zeitlichen Ausdehnung des Einzelschritts – eine bestimmte Anzahl geldwerter Punkte zuordnet. Im Pflegebereich hat sich diese Aufteilung zum Teil als problematisch erwiesen, weil es sich um eine soziale Dienstleistung handelt, die für lebendige Menschen erbracht wird, deren Wünsche, Bedürfnisse und Handlungsweisen nicht genau kalkulierbar sind. In der Kita, die es mit besonders verletzlichen Menschen, nämlich mit kleinen Kindern zu tun hat, ist besondere Sensibilität und Rücksichtnahme erforderlich. Der pädagogische Prozess von Erziehung, Bildung und Betreuung lässt sich als ganzheitliches Geschehen ebenfalls nicht in kleine Einzelschritte aufteilen: Das Ganze ist in diesem Fall in besonderem Maße mehr als die Summe seiner Teile.

Trotzdem gilt im sozialen Bereich wie auch in der Wirtschaft, dass bei der quantitativen Personalplanung die Kriterien der Wirtschaftlichkeit und Leistungssicherung gleichermaßen beachtet werden müssen.

Im Folgenden wird ein Modell der Personalbedarfsberechnung vorgestellt, das versucht, beide Kriterien miteinander zu verbinden. Es enthält einige Strukturstandards, wie etwa das Verhältnis von Betreuungskraft zu Zahl der betreuten Kinder oder Aussagen zur erforderlichen Verfügungszeit für die Vor- und Nachbereitung der pädagogischen Arbeit und Leitungsaufgaben. Da alle konkreten Zahlen in Abhängigkeit von der Landesgesetzgebung variieren, können sie nicht als Maßstab für die Personalbedarfsberechnung in allen Bundesländern herangezogen werden, sondern sind entsprechend anzupassen. Manchen werden die Ergebnisse einer Berechnung nach dem Modell wunderbar hoch, anderen katastrophal niedrig erscheinen. Das Beispiel hat seinen Wert darin, dass es ein grundlegendes Verfahren zur Feststellung des Personalbedarfs einer Kita skizziert. Die Schlüssigkeit und Stringenz des Instruments führt außerdem dazu, dass die in ihm begründete Argumentation in Gesprächen mit Kostenträgern überzeugen kann.

Das folgende Instrument entstand in einem Abstimmungsprozess verschiedener Kostenträgervertretungen im Lande Rheinland-Pfalz. Veröffentlicht wurde das Instrument im Jahr 2000 unter der Überschrift „Selbstkontrolle von Personalkosten in Kindergärten“. Herausgegeben ist es von den Landesorganisationen Landkreistag, Städtetag und der Vertretung der evangelischen Kirchen und katholischen (Erz)Diözesen in Rheinland-Pfalz.

„Selbstkontrolle von Personalkosten in Kindergärten“

(Gemeint sind alle Kindertagesstätten)

...

A. Arbeit mit Kindern

Der Personalbedarf für die direkte Arbeit mit den Kindern ist abhängig einerseits von den Zeiten, in denen die Kindertageseinrichtung für Kinder geöffnet ist (Öffnungszeit), und andererseits von der Anzahl der anwesenden Kinder. Berücksichtigung finden müssen außerdem besonderer Betreuungsbedarf der Kinder wie Alterstruktur, Behinderungen, Zugehörigkeit zu einer anderen Kultur, problematische Familiensituation und besondere Bedingungen der Einrichtung wie Lage in einem sozial schwierigen Einzugsgebiet, besondere räumliche Bedingungen.

1. Öffnungszeiten und Anzahl der anwesenden Kinder

Die Öffnungszeiten sind die Zeiten, in denen die Einrichtung von Kindern besucht werden kann. Innerhalb der Öffnungszeiten lassen sich einzelne Phasen unterscheiden, deren Charakter Auswirkungen auf den Personalbedarf hat. Dabei hat sich folgende Einteilung als sinnvoll erwiesen:

Kernzeit: Die Zeiten, in denen die überwiegende Anzahl der Kinder einer Regelgruppe anwesend ist (ab 13 Kindern). In dieser Zeit sollen in jeder Gruppe zwei Fachkräfte zur Verfügung stehen.

Randzeit: Die außerhalb der Kernzeiten liegenden Öffnungszeiten. Der Personalbedarf in den Randzeiten orientiert sich an der Zahl der durchschnittlich anwesenden Kinder. Für bis zu je 10 Kinder muss 1 Fachkraft zur Verfügung stehen. Für die Betreuung von Ganztagskindern während der Mittagszeit beim Essen und Ruhen ist eine Relation von 1 Fachkraft für bis zu je 8 Kinder vorzusehen.

Dabei ist grundsätzlich zu beachten:

Bei allen angegebenen Kinderzahlen handelt es sich um Durchschnittszahlen tatsächlich anwesender Kinder; diese werden dadurch ermittelt, dass das Besuchsverhalten der Kinder über einen Zeitraum von 4 – 6 Wochen in der Mitte des Kindergartenjahres (Januar/Februar) beobachtet wird. Die Zahl der anwesenden Kinder wird dabei im Halbstundentakt schriftlich festgehalten. Unabhängig von der Anzahl der anwesenden Kinder müssen aus versicherungsrechtlichen Gründen immer zwei Personen in der Einrichtung anwesend sein.

2. Besondere Bedingungen

Erhöhter Betreuungsbedarf einzelner Kinder und spezielle Bedingungen der Einrichtung machen wegen der damit verbundenen pädagogischen Erfordernisse einen höheren Personaleinsatz erforderlich. ... Der dafür erforderliche Personalbedarf wird in pauschalen Stundenzuweisungen ausgedrückt, die an die jeweilige örtliche Situation angepasst werden können. ...

B. Tätigkeiten, die die Voraussetzungen für die Arbeit mit den Kindern schaffen

1. Verfügungszeit

Der pädagogische und organisatorische Betrieb erfordert neben den für die Betreuung, Erziehung und Bildung notwendigen Fachkraftstunden zusätzliche Zeitressourcen. Zeiten für Vor- und Nachbereitung, für Teamgespräche zur Klärung organisatorischer und konzeptioneller Fragen, für Elternarbeit, für die Vorbereitung und Durchführung von Aktivitäten außerhalb der Öffnungszeiten werden üblicherweise als Verfügungszeit bezeichnet.

Für den Anteil an Verfügungszeit gelten 23% der Gesamtarbeitszeit der pädagogischen Fachkräfte der Einrichtung als Richtwert. Die Gesamtarbeitszeit setzt sich zusammen aus Betreuungszeit und Verfügungszeit der pädagogischen Fachkräfte. Mit diesem Wert sind auch alle Arbeiten außerhalb der üblichen Arbeitszeit abgedeckt wie Elternabende, Feste oder andere Aktivitäten am Wochenende.

2. Leitungsstunden

Ein Teil von Leitungsaufgaben ist unabhängig von der Größe der Einrichtung in jeder Kindertagesstätte zu erfüllen (Zusammenarbeit mit dem Träger und anderen Einrichtungen, Konzeptionsarbeit usw.). Andere Funktionen wie Personalführung, Elternarbeit und Verwaltung sind in ihrem Umfang hauptsächlich von der Größe der Einrichtungen abhängig. In der folgenden Stundentabelle ist beides berücksichtigt:

Einrichtungen mit

1 Gruppe	6 Stunden
2 Gruppen	9 Stunden
3 Gruppen	12 Stunden
4 Gruppen	15 Stunden
5 Gruppen	18 Stunden
6 Gruppen	21 Stunden

Ein außergewöhnlicher Aufwand, z. B. für

- eine Kombination verschiedener Betreuungsangebote mit unterschiedlichen Öffnungszeiten
- ein erhöhter Bedarf an Gemeinwesenarbeit
- eine konzeptionell verankerte Vernetzung mit anderen sozialen Diensten rechtfertigt eine Erhöhung der Leitungsstunden.

C. Weitere personalkostenrelevante Faktoren

...

2. PraktikantInnen

... Die Einstellung von PraktikantInnen ist bei der Berechnung des Personalschlüssels nicht zu berücksichtigen.

Ein außergewöhnlicher Aufwand, z. B. für

3. Wirtschafts- und Reinigungskräfte

Hauswirtschaftskräfte

Wird in einer Kindertageseinrichtung Mittagessen gereicht, so kann dessen Zubereitung sehr unterschiedlich gehandhabt werden. Man kann grob drei Varianten unterscheiden, die einen je eigenen Personalbedarf im Hauswirtschaftsbereich bedingen.

In der Regel gelten folgende Richtwerte:

- Frisch zubereitetes Essen:

bis zu 10 Kinder	10 Wochenstunden
von 11 bis zu 25 Kinder	20 Wochenstunden
von 26 bis zu 40 Kinder	30 Wochenstunden

Bei mehr als 40 Kindern kann die Stundenzahl entsprechend erhöht werden.

- Tiefkühlmahlzeiten mit frisch zubereiteter Ergänzungskost: mindestens 10 bis maximal 20 Wochenstunden
- Ausgabe von angeliefertem Essen: mindestens 10 bis maximal 15 Wochenstunden.

In besonders begründeten Ausnahmesituationen kann von dieser Regelung abgewichen werden.

Reinigungskräfte

Die Reinigung der Einrichtungen wird sehr unterschiedlich gehandhabt. In der Mehrzahl der Fälle sind sozialversicherungspflichtig eingestellte Kräfte eingesetzt. Hier haben sich als Durchschnittswerte bewährt:

- 1 Gruppe – 8–10 Wochenstunden.
- 2 Gruppen – 13–18 Wochenstunden.
- 3 Gruppen – 15–22 Wochenstunden.
- 4 bis 6 Gruppen – 20–33 Wochenstunden.

Als Alternative kommt die Beauftragung einer Reinigungsfirma in Betracht.

. . .

5. Sonstiges

. . . Die Gesamtzahl der Öffnungstage im Jahr beeinflusst den Personalbedarf und damit die Gesamtpersonalkosten. Wenn nicht mindestens zwei Drittel des durchschnittlichen Jahresurlaubs durch Schließtage abgedeckt werden können, ist zusätzliches Personal für die Aufrechterhaltung des Betriebs notwendig. (1/48 des errechneten Personalbedarfs pro zusätzliche Öffnungswoche). . . ."

Folgende Kriterien sind bei jeder Personalbedarfsberechnung für pädagogische Fachkräfte in einer Kita zu beachten:

- Anzahl der Kinder pro Betreuungskraft: Ob es sich um die angemeldeten, durchschnittlich anwesenden oder tatsächlich anwesenden Kinder handelt, hängt von den Finanzierungsgegebenheiten ab.
- Öffnungszeiten: d. h. Zeiten, in denen Kinder betreut werden. Hier muss auch die Anzahl der Öffnungstage pro Jahr mit berücksichtigt werden. Kann der Urlaubsanspruch der MitarbeiterInnen nicht während einer Betriebsschließzeit abgedeckt werden, hat man das ganze Jahr über zu wenig Personal. Die Abdeckung des Urlaubsanspruchs muss sich dann in zusätzlichen Personalstunden pro Woche niederschlagen.
- Verfügungszeiten: Hier ist wichtig, die Aufgaben einer Kita, für deren Erledigung die Verfügungszeiten genutzt werden sollen, genau zu definieren. Alles was nicht hierzu zählt, muss entweder durch zusätzliche Personalstunden ermöglicht werden oder führt zu Abwesenheiten von Betreuungspersonen in der Betreuungszeit, deren Personalabdeckung meist ohnehin knapp gerechnet ist.
- Zeit für die Erledigung von Leitungsaufgaben: Dieser Zeitbedarf wird immer größer. Die zusätzlichen inhaltlichen Anforderungen an Kitas durch den erweiterten Betreuungsbedarf (längere Öffnungszeiten, Ganztagsbetreuung und Betreuung von unter Dreijährigen) geben der Leitung eine besondere konzeptionelle Verantwortung auf. Sie muss dabei ihr Personal mitnehmen, es für die neuen Aufgaben begeistern können und für eine entsprechende Qualifizierung Sorge tragen. Neue gesetzliche Auflagen zur Unfallverhütung, im Arbeits- und Mutterschutz, bei der Hygiene, für das Trinkwasser etc. wirken sich auch auf die Leitung aus, die gerade bei kleinen Einrichtungsträgern die Erfüllung dieser Auflagen selbst organisieren muss. All diese zum Teil neuen Pflichten machen eine Freistellung der Leitung von der Arbeit in der Gruppe zumindest zeitweise unbedingt erforderlich.
- Alterstruktur der zu betreuenden Kinder: Eine weite Altersspanne und der Anteil der besonders jungen Kinder sollten bei der Personalbemessung gesondert berücksichtigt werden. Man kann dies durch Stundenaufschläge oder durch einen anderen

Betreuungsschlüssel (Anzahl der Kinder pro Betreuungsperson) lösen.

- Anteil der wenig integrierten Kinder aus anderen Kulturkreisen: An dieser Stelle stehen die gleichen Lösungsmöglichkeiten wie beim Kriterium Altersstruktur zu Verfügung. Allerdings sollte man darauf achten, dass gerade zur Förderung dieser Kinder speziell dafür qualifizierte Fachkräfte eingesetzt werden, gleichgültig, wie man den Personalbedarf dafür errechnet hat.
- Betreuung von Kindern mit Behinderung: Hier muss der Bedarf im Einzelfall bestimmt werden. Die Finanzierung von zusätzlichem Betreuungspersonal und besonderen Fördermaßnahmen gelingt häufig über die in SGB XII in Verbindung mit SGB IX festgelegten Eingliederungshilfen. In manchen Bundesländern gibt es explizite Regelungen für den Kita-Bereich.
- Lage der Einrichtung in einem sozialen Brennpunkt: Wer einmal die Probleme erfahren hat, mit denen sich Kita-MitarbeiterInnen in sozialen Brennpunkten konfrontiert sehen, wird einen besonderen Personalbedarf an dieser Stelle für selbstverständlich halten. Wo es keine besonderen Regelungen vor Ort oder in den landesrechtlichen Regelungen gibt, ist der jeweils erforderliche Personalmehrbedarf in Einzelverhandlungen mit den Kostenträgern zu erreichen.
- Reserve für Vertretungssituationen: Das Personal in Kitas ist wie in jedem anderen Betrieb nicht an allen Öffnungstagen der Einrichtung, d. h. zu den Zeiten, wenn Kinder da sind und ihr Recht fordern, einsetzbar. In betriebswirtschaftlichen Rechnungen geht man üblicherweise von ca. 200 möglichen Einsatztagen bei einer Vollzeitkraft aus. Hier sind von den jährlichen Arbeitstagen ein durchschnittlicher Urlaubsanspruch, der Freistellungsanspruch für Fort- und Weiterbildung und eine durchschnittliche Anzahl von Krankheitstagen abgezogen. Diese Komponente der Jahresarbeitszeit sollte zusätzlich zur Berechnung der Wochenarbeitszeit berücksichtigt werden

3.3 Räumliche und zeitliche Dimensionen

5. Schritt: Wo soll das benötigte Personal eingesetzt werden?

Die Frage der räumlichen Dimension stellt sich meist nicht für die kleinen Träger, die nur ein oder zwei Einrichtungen betreiben. Bei größeren, deren Einrichtungen auch regional weit gestreut sind, ist sie Thema. Jeder Einrichtungsstandort hat je nach Lage und „Kundschaft" unterschiedliche konzeptionelle Schwerpunkte, aus denen sich unterschiedliche qualitative und quantitative Personalbedarfe ergeben. Bei Veränderungen in den Einrichtungen oder bei der Personalbesetzung ist es Aufgabe der Personalplanung, auf die personellen Konsequenzen hinzuweisen und die Maßnahmen für eine angemessene Personalbesetzung zu erarbeiten. Zu den Maßnahmen gehören im Zusammenhang mit der räumlichen Dimension z. B. interne Stellenausschreibungen, die individuelle berufliche Weiterentwicklungen ermöglichen, aber auch Versetzungen. Letztere müssen sich an die arbeitsrechtlich festgelegten Zumutbarkeitsgrenzen halten. Im Interesse der Arbeit wird ein Träger oder eine Führungskraft eine Versetzung gegen den ausdrücklichen Willen der Mitarbeiterin nur in Fällen anordnen, wenn das die einzig sinnvolle Lösung ist.

6. Schritt: Wann wird das Personal benötigt?

Bei der zeitlichen Dimension kann zwischen vorhersehbarem und nicht vorhersehbarem Personalbedarf unterschieden werden. Vorhersehbar ist er dann, wenn auf Grund neuer Aufgaben durch eine andere Angebotsstruktur oder eine andere konzeptionelle Schwerpunktsetzung entsteht. Ebenfalls weitgehend vorhersehbar sind Vakanzen durch Mutterschutz und Elternzeiten, wenn auch hier die Zeiten, in denen man sich um eine Lösung bemühen kann, nicht immer ausreichend für eine nahtlose Wiederbesetzung sind. Das gilt auch für Kündigungen durch MitarbeiterInnen, da man die üblichen Kündigungsfristen häufig nicht einhält, sondern in Auflösungsverträgen um einen Ausgleich zwischen den Interessen des Arbeitgebers und des Arbeitnehmers bemüht ist. Um die notwendigen neuen Stellen (quantitativer Bedarf) und/

oder die neuen Qualifikationen (qualitativer Bedarf) rechtzeitig zur Verfügung zu haben, müssen die zur Erfüllung des Bedarfs erforderlichen Schritte, die im nächsten Kapitel beschrieben werden, mit ausreichendem Vorlauf in die Wege geleitet werden.

Unkalkulierbarer neuer Personalbedarf entsteht bei Ausfall durch Krankheit, Unfälle o.Ä. Auch hier ist eine langfristige Planung dahingehend möglich und notwendig, dass man für die unterschiedlichen Vertretungssituationen Lösungsmodelle erarbeitet. So sind oft MitarbeiterInnen, die sich selbst in der Elternzeit befinden, gerne bereit, für kürzere Einsätze einzuspringen. Auch unter den Eltern ist manchmal eine pädagogisch ausgebildete oder wegen ihrer großen persönlichen Eignung gut einsetzbare (Fach)Kraft zu finden. Dadurch wird zumindest Zeit für die Suche nach einer längerfristig einsetzbaren Vertretungskraft gewonnen. Viele Kindergärten haben sich solche kurzfristig verfügbaren Vertretungskräfte gesucht. In Kitas muss der Ausfall einer Mitarbeiterin oder eines Mitarbeiters immer schnell ausgeglichen werden, weil die Kinder einfach da sind und die Arbeit mit ihnen nicht wie etwa Verwaltungsarbeit verschoben werden kann.

Zusammenfassend lässt sich feststellen, dass die Personalplanung eine der komplexesten Aufgaben des Personalmanagements ist. In der Fachliteratur findet man meist auch die Personalrekrutierung, deren Methoden und Instrumente im folgenden Kapitel vorgestellt werden, der Personalplanung zugeordnet. Wir haben uns entschieden, daraus ein eigenes Kapitel zu machen, um der besonderen Bedeutung dieses Teils der Personalplanung gerecht zu werden.

4. Wie bekommt man gutes Personal?

Durch die Schritte, die im vorhergehenden Kapitel in der Personalplanung durchlaufen wurden, ergibt sich ein konkretes Bild, wie viel Personal mit welchen Qualifikationen und Fähigkeiten an welchem Ort zu welcher Zeit gebraucht wird.

Eine Möglichkeit der „guten" Personalbeschaffung ist die Personalentwicklung. Dieser Schritt beginnt mit dem Abgleich des konkret beschriebenen Personalbedarfs mit den tatsächlich vorhandenen Ressourcen sowie einer Stärken-Schwächen-Analyse. Die Stärken sollen transparent und zur Erfüllung der Aufgaben adäquat eingesetzt werden. Die Schwächen sollten im Bezug auf die benötigten Qualifikationen und Kompetenzen möglichst ausgeglichen werden. Zu diesem Ausgleich kann man auf verschiedenen Wegen gelangen, die im Folgenden beschrieben werden. Auf dieser Basis können dann bedarfsorientiert individuell geeignete Bildungsmaßnahmen ergriffen werden.

Wenn Sie hierbei feststellen, dass Sie zwar MitarbeiterInnen haben, die sich zielgerichtet qualifizieren und an sich perfekt in Ihre Einrichtung passen, aber der Wissensaustausch untereinander und der Informationsfluss nicht funktionieren, fehlt Ihnen vermutlich ein System für Ihr Wissensmanagement in der Kita oder es gibt hier noch Verbesserungsbedarf. Überdenken Sie anhand der Ausführungen in diesem Kapitel, was vielleicht noch wie effizienter und zielführender kommuniziert werden kann, damit alle davon profitieren.

Manchmal kann das vorhandene Personal trotz aller Maßnahmen quantitativ oder qualitativ den ermittelten Bedarf nicht decken. Aus einer Erzieherin, die sich beispielsweise tagtäglich als hervorragende Pädagogin erweist und von den Kindern innig geliebt wird, macht auch die zwanzigste Schulungsmaßnahme kein Organisationsgenie oder eine Verwaltungsspezialistin, wenn sie einfach „zwei linke Hände" dafür hat und sich nur quält. Personalentwicklung heißt schließlich auch, Menschen gemäß ihren Kompetenzen und Potenzialen in der Kita zu fordern und zu fördern. Dann gibt es nur eine andere Möglichkeit, die passende Mitarbeiterin in die Kita zu bekommen: indem Sie eine neue Fachkraft –

ggf. auf Teilzeitbasis – für Ihre Bedarfe einstellen. Je nach den Finanzierungsbedingungen kann es sein, dass sie eine Fluktuation abwarten müssen, um die notwendige Qualifikation durch Einstellung erlangen zu können. Was bei der Personalsuche auf Sie zukommt, was zentrale Erfolgsfaktoren für die Vorauswahl und Vorstellungsgespräche sein können, soll hier skizziert werden.

Ebenso gut kann sich aufgrund sinkender Kinderzahlen, d. h. fehlender Anmeldungen von Kindern nach geburtenschwachen Jahrgängen, oder personenbedingt die Situation ergeben, dass Sie MitarbeiterInnen entlassen müssen. Eine Aufgabe, die in der Regel niemandem leicht fällt. Wenn aber die betriebsbedingte Kündigung notwendig wird oder MitarbeiterInnen hinsichtlich ihrer persönlichen oder fachlichen Kompetenzen für die Kita oder die betroffene Person zur Belastung werden, sollten Sie einen angemessenen Weg finden, diesen Schritt zu gehen.

Diese verschiedenen Wege und Instrumente, um auf der Grundlage der Personalplanung gute MitarbeiterInnen zu bekommen, zählen zu den Kernelementen des Personalmanagements. Überprüfen Sie also Ihre Situation, den Bedarf und die damit verbundenen Ansprüche. Bedenken Sie die weitere Entwicklung im Umfeld der Kita und in der Gesellschaft, bevor Sie sich dann daran machen, Ihre MitarbeiterInnen je nach ihren Voraussetzungen und Potenzialen bei der Weiterentwicklung zu unterstützen, vielleicht Ihr Team zu erweitern oder zu verkleinern.

4.1 Personalentwicklung

In vielen Fällen sind neue Aufgaben in der Einrichtung nicht mit einer Erhöhung der Personalkapazität verbunden, so dass ihre Erfüllung mit dem vorhandenen Personal ermöglicht werden muss. Fehlen die notwendigen oder wünschenswerten Qualifikationen, können sie durch gezielte Personalentwicklungsmaßnahmen für die Einrichtung erworben werden.

Neben diesem Ziel – der Anpassung der Qualifikation der MitarbeiterInnen an veränderte Arbeitsanforderungen – dient die Personalentwicklung folgenden Zielen:

- Verbesserung der Leistungs- und Wettbewerbsfähigkeit der Kita. Beispiel: Die Kita will ein besonderes Bildungsprogramm mit naturwissenschaftlichem Schwerpunkt anbieten. Dazu bedarf es einer spezifischen Ausbildung.
- Erhöhung der Flexibilität der MitarbeiterInnen. Beispiel: Bisher hat sich eine dafür besonders qualifizierte Mitarbeiterin um die Förderung der Kinder mit Migrationshintergrund gekümmert. Eine andere Mitarbeiterin qualifiziert sich ebenfalls, so dass die Flexibilität des Einsatzes erhöht wird.
- Steigerung der Mitarbeiterzufriedenheit und -loyalität. Beispiel: Eine Mitarbeiterin hat Spaß an der Gestaltung von Unterlagen für die Öffentlichkeitsarbeit der Einrichtung. Diesem besonderen Interesse kommen die Leitung und der Träger entgegen, indem sie die Teilnahme an spezifischen Kursen ermöglichen.
- Verbesserung des Unternehmensimages. Beispiel: Eine Einrichtung sorgt dafür, dass alle ihre MitarbeiterInnen nach der Ausbildung eine dem konzeptionellen Schwerpunkt entsprechende Zusatzqualifikation erwerben (z. B. Montessori-Diplom) und wirbt mit dieser besonderen Stärke.
- Sicherung eines qualifizierten Mitarbeiterstamms. Beispiel: Die Leiterin einer katholischen Kita sorgt dafür, dass ihre MitarbeiterInnen alle eine religionspädagogische Zusatzqualifikation erhalten. Bei Fluktuationen ist so die Wahrung der besonderen konzeptionellen Ausrichtung garantiert.
- Eröffnen beruflicher Aufstiegsmöglichkeiten für die MitarbeiterInnen. Beispiel: Eine Mitarbeiterin mit Führungseigenschaften kann sich auf die Übernahme einer Leitungsstelle durch eine längerfristige Qualfizierungsmaßnahme vorbereiten.

Personalentwicklung kann sich auf verschiedene Inhalte beziehen:

Häufig geht es um die Vermittlung von Fachwissen, z. B. über bestimmte pädagogische Ansätze wie etwa der Reggio-Pädagogik, über neue Erkenntnisse der Fachwissenschaften, über die Wirkung bestimmter Angebote wie Bewegungserziehung etc.

Ungleich anspruchsvoller ist der Erwerb oder die Erweiterung von Fähigkeiten, die sich hauptsächlich auf die Anwendung von Fachwissen oder bestimmter Methoden und Instrumente beziehen. Es ist ein Unterschied, ob ich theoretisch weiß, um was es im situationsorientierten Ansatz geht, oder ob ich seine Prinzipien in alltägliches pädagogisches Handeln umsetzen soll. Diese Handlungsfähigkeit kann durch praktische Übungen in Fallbeispielen erworben werden. Die meisten für pädagogische Fachkräfte in Kitas angebotenen Fortbildungsmaßnahmen versuchen, diesen Aspekt mit zu berücksichtigen.

Eine größere Schwierigkeit stellt die Bildung neuer Haltungen oder Einstellungen dar. Ein Beispiel hierfür ist das Bild von einem Kind, das dem Handeln einer pädagogischen Fachkraft zugrunde liegt: Sehe ich das Kind als einen noch unfertigen Erwachsenen, der von mir vervollkommnet werden muss oder als eigenständige Person mit voller Personalwürde, die ihren eigenen Weg wählt, auf dem ich sie begleite? – Andere Beispiele sind die vorurteilslose Offenheit für „fremde" Kinder aus anderen Kulturkreisen oder für behinderte Kinder. Aber auch die Offenheit, permanent zu lernen und neue Erkenntnisse umzusetzen, sowie die Bereitschaft, Gewohnheiten und Routinen – wenn notwendig – verändern zu wollen, gehören dazu.

Für die Vermittlung dieser Inhalte der Personalentwicklung gibt es unterschiedliche Formen und Methoden. Die Wahl der Methode muss dem Individuum und dem Inhalt angemessen sein. So ist es etwa nicht unbedingt erfolgversprechend, wenn man den Erwerb oder die Erweiterung von Fertigkeiten alleine in Fachtagungen mit Vorträgen und Diskussionen erreichen will. In der Fachliteratur werden die Methoden der Personalentwicklung je nach ihrem Zusammenhang mit der Arbeit selbst unterschieden, die nachfolgend vorgestellt werden. Die Arbeitsprozessorientierung in der Methodik und die direkte Umsetzung der einzelnen Maßnahmen in der Praxis gilt heutzutage als Kennzeichen effizienter und effektiver Qualifizierung.

Personalentwicklung into the Job

Hiermit ist vor allem die Berufsausbildung gemeint. Dies ist für die Arbeit in der Kita überwiegend die Ausbildung zur staatlich anerkannten Erzieherin, die in drei Jahren Fachschule nach einer ein- bis zweijährigen Vorbereitungsphase erworben wird. Die Vorlaufphase wird zunehmend als erste Berufsausbildung gestaltet, z. B. zur Kinderpflegerin in Bayern oder zur Sozialassistentin in unterschiedlichen Bundesländern. Die dreijährige Fachschulphase gliedert sich normalerweise in zwei Jahre Unterricht und ein praktisches Jahr in einer Einrichtung, die damit zu einem wichtigen Ausbildungsort wird. Die Beteiligung einer Kita an der Ausbildung von ErzieherInnen ist eine gute Möglichkeit, in Frage kommende KandidatInnen für die zukünftige Besetzung von Stellen mit ihren persönlichen Fähigkeiten sehr gut kennen zu lernen und die potenzielle Mitarbeiterin auf die konzeptionellen Schwerpunkte der Einrichtung, ihre besonderen Anforderungen und Abläufe vorzubereiten.

Zur Zeit werden an einer Reihe von Fachhochschulen Bachelor-Studiengänge eingerichtet, die auf die Arbeit in einer Kita vorbereiten sollen. Ein Teil davon befasst sich mit der grundständigen Ausbildung, sozusagen als Ersatz für die Erzieherin, ein anderer Teil möchte auf die Übernahme besonderer Funktionen in der Kita, z. B. der Einrichtungsleitung vorbereiten. Neben den Fachhochschulen gibt es seit vielen Jahren besondere Weiterbildungslehrgänge, die sich der Leitungsqualifikation widmen. Manche Träger machen die Absolvierung einer solch intensiven Maßnahme zur Voraussetzung für die Übernahme der Leitungsposition. Auch in diesen Fällen handelt es sich um ein Training into the Job. Vergleichbar sind Bildungsmaßnahmen, die auf die Arbeit mit behinderten Kindern oder Migrantenkindern vorbereiten.

> Als Leiterin oder Leiter einer Kita werden Sie mit der Personalentwicklung into the Job nicht allzu viel zu tun haben. Trotzdem ist es nicht unwichtig, sich über die unterschiedlichen Ausbildungen, die für ErzieherInnen angeboten werden, zu informieren. Es gibt inzwischen die unterschiedlichsten „Fachkraft"-Ausbildungen, wie etwa für den Situationsansatz, Integrationspädagogik oder Hochbegabtenförderung. Im Rahmen der Personalplanung kann es sich lohnen zu überlegen, ob einer Mitarbeiterin eine solche Ausbildung ermöglicht werden sollte, um das Profil der Einrichtung besonders zu schärfen. Auch das Ziel der Imagestärkung kann durch MitarbeiterInnen mit anerkannten Fachkraftausbildungen erreicht werden.

Personalentwicklung on the Job

Hier werden bei der Arbeit selbst Wissen vermittelt, Fähigkeiten trainiert und Haltungen entwickelt. Ein wichtiges Beispiel dafür ist eine systematische Einarbeitung. Sie sollte so organisiert sein, dass es vor der Übertragung von Aufgaben eine Unterweisung über die gewünschte Ausführung und die Zielsetzung gibt und der Schwierigkeitsgrad der übertragenen Aufgaben sich allmählich steigert. Auch wenn man von einer guten Ausbildung Fachwissen und Handlungswissen erwarten kann, bleibt eine Einarbeitung notwendig, die in die Besonderheiten der Einrichtung einführt und das zur effektiven Mitarbeit notwendige Wissen vermittelt. Außerdem kann diese Zeit genutzt werden, um besondere Stärken oder auch Schwächen der neuen Fachkraft festzustellen und bei der zukünftigen Aufgabenzuweisung zu berücksichtigen.

Eine andere Form der Personalentwicklung on the Job, die sich nicht wie die vorhergehende an die einzelne Mitarbeiterin richtet, ist die Arbeit in Projekten. Die Projektarbeit ist gruppenorientiert und eignet sich daher besonders, um soziale Fähigkeiten zu trainieren und neue Haltungen und Einstellungen zu bilden.

Es lohnt sich, die Projektarbeit unter dem Blickwinkel der Personalentwicklung zu betrachten und so zu nutzen. Als Führungskraft können Sie das Weiterbildungspotenzial, das in einem Projekt für die MitarbeiterInnen steckt, am besten beurteilen. Leitfragen zur Feststellung dieser Möglichkeiten können sein:

- Welche Haltungen und Einstellungen werden durch das Projekt direkt angesprochen und/oder sind für seine Durchführung relevant?
- Welche Haltung sollen meine MitarbeiterInnen bilden?
- Welche sozialen Fähigkeiten können bei dem Projekt trainiert werden?
- Wie müssen das Ziel des Projekts und der Auftrag für die Projektgruppe beschrieben sein, damit auch die Personalentwicklungsziele erreicht werden?

- Welche Aufgabenverteilung ist deshalb innerhalb der Projektgruppe sinnvoll?

Personalentwicklung near the Job

Von der vorgenannten Methode wird die Personalentwicklung near the Job unterschieden: Hierbei steht nicht der eigentliche Arbeitsauftrag selbst, sondern Sonderaufgaben im Vordergrund, die aber für die Erfüllung der Hauptaufgabe wichtig sind. Ein interessantes Beispiel aus der Industrie war eine Maßnahme, die bei einem Automobilkonzern zur Integration ausländischer Arbeitnehmer durchgeführt wurde. Hierbei ging es nicht um das Erlernen von Arbeitsprozessen im Autobau, sondern um die Einführung in die deutsche Kultur, insbesondere Sprache, sowie in bestimmte deutsche Gepflogenheiten, deren Kenntnis Reibungen und Missverständnisse in der Zusammenarbeit vermeiden sollten. Ein für den Kita-Bereich wichtiges Beispiel für Personalentwicklung near the Job ist die Arbeit am Qualitätsmanagement, z. B. in Qualitätszirkeln.

Personalentwicklung along the Job

Die Personalentwicklung along the Job meint den Einsatz einer Mitarbeiterin als Assistentin oder als Stellvertreterin, wenn damit jemand explizit auf die Nachfolge in der Leitungsposition vorbereitet werden soll. Durch die vorübergehende bzw. schrittweise Übernahme von Aufgaben, Verantwortungsbereichen und Entscheidungskompetenzen können MitarbeiterInnen einen Einblick in die hierarchisch höher stehende Tätigkeit gewinnen und allmählich die spätere Führungsrolle übernehmen.

Personalentwicklung off the Job

Die im Kita-Bereich aber auch in anderen Unternehmen traditionell wichtigste Form ist die Personalentwicklung off the Job. Damit sind alle Formen von Seminaren, Fachtagungen, Fortbildungsveranstaltungen und Trainings gemeint, die außerhalb der Arbeit, meist auch außerhalb des Betriebs stattfinden.

Grundsätzlich kann man folgende Formen unterscheiden:

- Seminare: Hierunter versteht man Maßnahmen, die in regelmäßigen Abständen (z. B. wöchentlich) in Einheiten von zwei bis vier Stunden stattfinden. Der Gesamtumfang kann variieren, bewegt sich üblicherweise aber in einen Rahmen von acht bis fünfzehn Einheiten. Die Seminarform ist besonders zum Erwerb und der Weiterentwicklung von Fähigkeiten geeignet. Den Informations- und Vorführeinheiten mit den Trainern folgt ein Zeitraum, in dem das Erlernte in der konkreten Arbeitssituation geübt werden kann. Dass dieses Üben während der Arbeit wirklich möglich ist, ist die Voraussetzung für den erfolgreichen und effektiven Verlauf solcher Personalentwicklungsmaßnahmen.
- Ein- bis fünftägige Fortbildungsveranstaltungen: Diese bisher am häufigsten anzutreffende Form dient hauptsächlich der Vermittlung von Fachwissen. Je länger die Maßnahme dauert, um so eher können auch Fähigkeiten und Fertigkeiten vermittelt und trainiert werden. Diese Fortbildungsveranstaltungen zeichnen sich dadurch aus, dass sie genügend Zeit lassen, sich vom Arbeitsalltag zu lösen und sich damit leichter für neue Denkweisen und Erkenntnisse öffnen zu können. Auch hier ist die Umsetzung im Arbeitsalltag und die Vermittlung des Gelernten an KollegInnen bedeutsam für eine nachhaltige Wirkung der Maßnahmen.
- Fachtagungen: Bei Fachtagungen geht es um ein- bis zweitägige Veranstaltungen mit großer Teilnehmerzahl. Meist wechseln sich Vorträge und Diskussionseinheiten ab. Diese Form eignet sich, um einen Einblick in neue Erkenntnisse und fachliche Entwicklungen im Arbeitsfeld zu vermitteln, die Auseinandersetzung damit und den Austausch unter KollegInnen in anderen Kitas anzuregen. Die Anwendung der vermittelten Inhalte erfordert eine intensivere Beschäftigung und die Teilnahme an weiteren Personalentwicklungsformen.
- Weiterbildungsmaßnahmen: Mit diesem Begriff sind längerfristige Qualifizierungsmaßnahmen gemeint, die teilweise mit anerkannten Abschlüssen enden. Besonders häufig sind die so genannten Leitungskurse. Sie werden häufig erst in Angriff genommen, wenn die Mitarbeiterin die Funktion bereits übernommen hat, so dass es keine Maßnahme into the Job mehr ist, was sicher sinnvoll wäre. Die Veranstalter haben sich auf diese

Situation eingestellt und machen für beide Teilnehmergruppen wenigstens partiell unterschiedliche Angebote innerhalb der gesamten Maßnahme. Andere Beispiele sind die unter dem Stichwort Personalentwicklung into the Job bereits erwähnten Fachkraftausbildungen.

Längerfristige Weiterbildungsmaßnahmen haben üblicherweise einen Umfang von ca. 125 bis 180 Unterrichtsstunden, die auf verschiedene Einheiten aufgeteilt werden. Dies bietet die Möglichkeit, Seminarformen, mehrtägige und eintägige Einheiten in die Gesamtmaßnahme zu integrieren, Einzelbetreuung und Gruppenaufgaben, Online-Übungen und -Materialien bereitzustellen und damit die didaktischen Vorteile unterschiedlicher Methoden zielorientiert zu nutzen. Es können sowohl Wissen vermittelt, Fähigkeiten erworben und an Haltungen und Einstellungen gearbeitet werden. Wegen des hohen Zeitaufwands und den damit verbundenen Freistellungs- und Vertretungsnotwendigkeiten werden solche Maßnahmen meist nur vom Träger genehmigt, wenn der Gewinn für den Betrieb offensichtlich und die von der Mitarbeiterin erworbenen Qualifikationen zur Erfüllung ihrer Aufgaben in der Kita von besonderer Bedeutung sind.

- Hospitationen, Studienfahrten: Um besonders ausgereifte Konzepte und neue Arbeitsansätze kennen zu lernen, ist es möglich, Einrichtungen, die vorbildlich danach arbeiten, zu besuchen und den Alltag dort zu beobachten.

Fast alle diese Formen werden von professionellen Bildungsträgern angeboten. Sie richten sich an TeilnehmerInnen, die aus verschiedenen Einrichtungen kommen. Die konzeptionellen Veränderungen in den Kitas und das Bestreben, die nachhaltige Wirkung der Maßnahmen zu erhöhen, haben in den letzten Jahren zu einer enormen Vermehrung der so genannten **Teamfortbildung** geführt. Bis auf die längerfristigen Weiterbildungsmaßnahmen sind alle vorgestellten Formen der Personalentwicklung off the Job für die Teilnahme von ganzen Teams geeignet. Viele Fortbildungsträger haben sich auf diesen Bedarf eingestellt und bieten Organisationsleistungen wie die Vermittlung von ReferentInnen und Räumlichkeiten als neuen Service an.

Teamfortbildungen sind besonders geeignet, wenn ganze Teams auf neue Aufgaben oder eine Angebotsumstellung in der Einrichtung vorbereitet werden sollen. Sie haben den Vorteil, dass Veranstalter und ReferentInnen sich auf die spezifischen Fragen und Interessen der teilnehmenden Einrichtung einstellen können, ihre Inhalte und Methoden passgenau darauf einstellen und die Teamfortbildung mitunter sogar in der Kita selbst durchführen können.

Das Personal in den Kitas ist sehr an Bildung interessiert. Jährliche Erhebungen in katholischen Kitas etwa haben ergeben, dass über 50 Prozent der MitarbeiterInnen in Kitas in einem Jahr an irgendeiner Fortbildungsmaßnahme teilnehmen. Dieses im Vergleich mit anderen Berufsgruppen und Arbeitsfeldern sehr positive Ergebnis macht auch deutlich, welche Ressourcen für die Personalentwicklung in Kitas eingesetzt werden. Umso wichtiger ist es, dass die einzelnen Maßnahmen den Erfordernissen des Betriebs entsprechen. Die Schritte der Personalplanung, wie sie im vorhergehenden Kapitel beschrieben wurden, sind unbedingte Voraussetzung für Entscheidungen über Personalentwicklungsmaßnahmen.

In vielen Kitas soll es immer noch so sein, dass die MitarbeiterInnen zum Ende eines Kalenderjahrs die Programme der regionalen Fortbildungsveranstalter wälzen und sich die von ihnen präferierten Veranstaltungen für das nächste Jahr aussuchen. Ein kleiner Check, ob die Wünsche sich zeitlich nicht zu sehr überschneiden, so dass eine ordnungsgemäße Personalbesetzung gewährleistet ist, ist oft der einzige und letzte Schritt vor der Genehmigung. Als Leiterin haben Sie die Verantwortung für einen rationellen Einsatz der zur Verfügung stehenden Personal-, Zeit- und Finanzressourcen. Auch wenn Personalentwicklung sehr wichtig ist, muss sich die Freistellung von MitarbeiterInnen für Personalentwicklungsmaßnahmen an ihrem Effekt zur Erreichung der am Anfang dieses Kapitels vorgestellten Ziele der Einrichtung bzw. des Trägers messen lassen. Vorrangig sind dabei die Ziele, die in direktem Zusammenhang mit der Leistungs- und Wettbewerbsfähigkeit und dem Imagegewinn für die Kita stehen, d. h. die Ziele, die im Mitarbeitergespräch vereinbart werden. Kontrollieren Sie dies als Vorgesetzte vor der Genehmigung von Bildungsmaßnahmen. Überprüfen Sie die Zielerreichung nach der Teilnahme anhand von Zertifikaten und Bewertungen, vor allem aber anhand der (kurzfristigen) Umsetzung des Gelernten im Alltag und der Nachfrage im nächsten Gespräch. Auch sind die auf die MitarbeiterInnen gerichteten Ziele wie das Kompetenzprofil der MitarbeiterInnen, die Anerkennung von Leistungen und die Erhöhung der Loyalität, die Sicherung eines qualifizierten Mitarbeiterstamms und die Transparenz der Aktivitäten zu beachten.

Personalentwicklung out of the Job

Es gibt auch eine Personalentwicklung out of the Job. Damit ist die Vorbereitung auf das Ausscheiden einer Mitarbeiterin gemeint. Bei älteren MitarbeiterInnen handelt es sich meist um Ruhestandsvorbereitung, bei jüngeren MitarbeiterInnen um Unterstützung im Falle einer betriebsbedingten Kündigung. Diese Form der Personalentwicklung spielt für den Kita-Bereich wegen der geringen Betriebsgrößen kaum eine Rolle.

Zum Abschluss der Ausführungen zur Personalentwicklung werden die unterschiedlichen Methoden noch einmal im Überblick dargestellt:

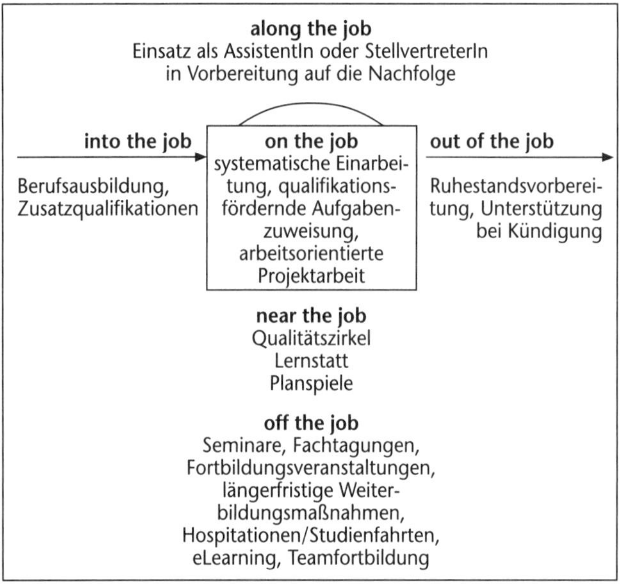

(angelehnt an Holtbrügge 2005, S. 106.)

4.2 Wissensmanagement

Unter Wissensmanagement versteht man die bestmögliche Nutzung allen Wissens einer Organisation und alle Maßnahmen, die diese Nutzung ermöglichen oder unterstützen, um die Ziele der Organisation zu erreichen und weiterzuentwickeln. Alle Daten und Informationen, alle Kenntnisse, Fähigkeiten und Fertigkeiten, die eine Kita zur optimalen Lösung ihrer vielfältigen Aufgaben, insbesondere der pädagogischen Arbeit benötigt, stehen hier im Mittelpunkt. Individuelle Kompetenzen, Wissen und Erfahrung, die als hochwertiges Gut betrachtet werden, sollen systematisch in der Kita verankert und von anderen genutzt werden können. Informations- und Kommunikationssysteme werden etabliert, die MitarbeiterInnen untereinander vernetzt, und so dieses Gut einerseits erhalten – auch wenn MitarbeiterInnen die Kita verlassen –, andererseits allen zugänglich gemacht. Das können im ersten Schritt aktiv genutzte Ablagekästen für alle MitarbeiterInnen sein, die als Verteilersystem für alle Kita-bezogenen Informationen dienen, standardisierte Aushänge und Ablagen, Checklisten und Vorlagen für Routinearbeiten, die allen zur Verfügung stehen, sowie regelmäßige Dienstbesprechungen, Stellen-, Projekt- oder Prozessbeschreibungen, Supervision, Teamwork bei Projekten oder Feedbackrunden bis hin zu Intranets für alle Kitas eines Trägers. Wissensmanagement geht noch weiter. Die Relevanz der einzelnen Wissensbausteine ist auf das Leitbild der Kita und des Trägers, auf die Ziele der Arbeit ausgerichtet, d. h. auch, dass die Zielsetzung von Wissensmanagement deutlich über die reine Versorgung der MitarbeiterInnen mit Informationen hinausgeht.

Dies hat ebenso Rückwirkung auf die Personalentwicklung: MitarbeiterInnen sollen in einem funktionierenden Wissensmanagement lernend Qualifikationen und Fähigkeiten entwickeln und wertschöpfend für die Kita einsetzen können.

> Eine hohe Bedeutung hat laut Fachliteratur im Wissensmanagement die Erfassung und Verarbeitung von Wissen. Entscheidende Komponenten dafür sind:
>
> - das „organisationale Gedächtnis“ als umfassende Wissenserfassung, -aufbereitung und -nutzung, z. B. in so genannten Wissensbilanzen der gesamten Kita mit ihren Mitarbeiterinnen, vielleicht sogar der Eltern der jeweiligen Kindergartenkinder
> - das gegenwartsbezogene Wissen einer Kita, das in „Datenbanken“ gesammelt werden kann,
> - die Reproduktion des Wissens einer Kita, z. B. durch die (gedruckte oder online aufbereitete) Entwicklung eigener Wissensbausteine (Wikis)

Sicherlich kann nicht alles Wissen immer erfasst und genutzt werden. Zuviel Kontrolle kann auch Kreativität zunichte machen, situationsspezifische Assoziationen behindern. Andererseits ist „das Wissen um vorhandenes Wissen und Erfahrung“ auch oft hilfreich und ermöglichen transparente Information und Kommunikation.

Wie können Sie anfangen, ein systematisches Wissensmanagement aufzubauen, oder auf welche Weise können Sie ihre Maßnahmen noch ergänzen? Die Möglichkeiten sind enorm und der erste Schritt der Wissenssystematisierung wurde schon skizziert. Spannender für die Personal- und damit verbundene Organisationsentwicklung sind folgende Ansätze, die teils eher innerhalb der Kita, teils auch zwischen allen Kitas Ihres Trägers denkbar sind und die Sie vielleicht noch ergänzen können. Sie müssen nicht alles und schon gar nicht auf einmal umsetzen. Manches passt vielleicht nicht zu Ihnen, Ihrer Kita, Ihren MitarbeiterInnen oder scheint noch zu gewagt. Aber Sie sollten mit einer Methode anfangen, sich über die neuen, vielleicht auch wieder entdeckten Erkenntnisse freuen und die Ergebnisse für Ihre Arbeit in der Kita nutzen. Abgesehen von den positiven Effekten für die Personalentwicklung, die pädagogische Arbeit und die Kita insgesamt, kann die Einführung und Pflege von Wissensmanagement spannend sein, unbekannte Seiten der Einzelnen entdecken lassen, Ihnen ein enormes Handlungs- und Entwicklungspotenzial bieten, die Kommunikation untereinander fördern – und sogar Spaß machen.

- Persönliches Wissensmanagement: Hier kann jede erst einmal bei sich selbst anfangen, ihr Wissen, ihre Erfahrungen, alle privat und beruflich erworbenen Kenntnisse und Fähigkeiten, alle Interessen zu eruieren. Oder die Kita-Leiterin hilft dabei, z. B. auch, um Kompetenzen ihrer MitarbeiterInnen zu entdecken oder MitarbeiterInnen in der Bewältigung neuer Aufgaben zu ermutigen, zu stärken, ihnen Ansätze zur Problemlösung zu geben. Wichtig ist die systematische Erfassung und der leichte Zugriff allen Wissens.
- Wissensaudit: Mit dem Begriff werden Untersuchungsverfahren bezeichnet, die von einem Auditor durchgeführt werden und Wissens- und Lernprozesse analysieren. Hier kann der Ist-Zustand analysiert oder aber gesetzte Ziele mit tatsächlich erreichten verglichen werden. Oft soll ein solches Audit auch dazu dienen, einen Verbesserungsbedarf oder Probleme aufzuspüren, damit diese behoben werden können.
- Wissensbilanz: Dieses Instrument zur gezielten Darstellung und Entwicklung der Kompetenzen in Ihrer Kita oder in allen Kitas Ihres Trägers erfasst die Zusammenhänge zwischen den Zielen

der Organisation, den „Geschäftsprozessen", dem geistigen Gut aller MitarbeiterInnen und dem Erfolg der Arbeit der Kita bzw. der Einrichtungen des Trägers. Die Elemente werden mittels Indikatoren beschrieben.

- Wissensportal: Ihr Träger könnte in Zusammenarbeit mit seinen Kitas ein Wissensportal im Internet oder Intranet entwickeln, in dem verschiedene Methoden des Wissensmanagements miteinander verknüpft und die Erkenntnisse allen Kita-MitarbeiterInnen zur Verfügung gestellt werden. Hier könnten etwa auch aktuelle Fachinformationen abgerufen oder neue Bestimmungen des Trägers zügig kommuniziert werden, Erfahrungen mit bestimmten Situationen, Problemfällen und Projekterfahrungen ausgetauscht werden.
- Wissenslandkarte: Hier finden MitarbeiterInnen einer Organisation die beste Ansprechpartnerin, die richtige Anlaufstelle bei Fragen und Problemen. Je größer der Träger oder manchmal auch die Kita ist, desto hilfreicher ist die Erstellung einer Wissenslandkarte, bei der klar sein muss, ob der Eintrag verpflichtend oder freiwillig erfolgt ist, welche Wissensbereiche abgefragt werden, ob und wie eine Bewertung der Kompetenzen erfolgt. Mögliche Inhalte eines Dossiers in Kitas könnten sein: Name, Tätigkeitsbezeichnung, Abteilung oder Einrichtung und Gruppe, Qualifikationen, Interessen, Aufgabenbereich, Kontaktinformation. Wissenslandkarten müssen gepflegt und beworben werden. Allerdings ist es wichtig, dass das Fragen von kompetenten KollegInnen kein Makel ist, sondern unbedingt positiv bewertet wird – also ein positives Arbeits- und Lernklima herrscht, denn sonst fragt keiner nach. Selbst bei Spezialwissen sind zu viele Anfragen nicht zu befürchten. Wenn alle sich hier eintragen, Zugang haben und die Atmosphäre in der Kita und beim Träger gut ist, wird die Nachfrage und der Nutzen für alle größer; gute Erfahrungen motivieren zu mehr Austausch.
- Wissensstrategie: In Ihrer Kita, aber auch im Verbund mit anderen Kitas Ihres Trägers und dem Träger selbst können Sie eine Wissensstrategie entwickeln. Was ist Ihr Ziel im Wissensmanagement und mit welchen Methoden möchten Sie es erreichen? Was sind die wichtigsten Faktoren?
- Community of Practice: Dieses praxisbezogene Team mit Mitarbeiterinnen verschiedener Gruppen oder Kitas ist informell

miteinander verbunden und mit ähnlichen Aufgaben, z. B. Sponsoring-Projekten, befasst. Um die jeweils besten Lösungen für ihre Fragen und Probleme zu finden, arbeiten sie zumeist selbstorganisiert miteinander, tauschen sich aus und bieten Hilfestellung. Durch die individuellen und gemeinsamen Lernprozesse wird ein Wissens- und Erfahrungsbestand generiert, der die Effizienz der Aufgabenbewältigung steigert, die Kommunikation und gemeinsame Interessen fördert und ein Netzwerk mit eigener Identität entstehen lässt.

- Social Network Analysis: Hierbei handelt es sich um eine Untersuchung der sozialen Netzwerke, sei es um Wissen und Erfahrung, um bestimmte Fragen und Probleme zu ermitteln, Arbeitsgemeinschaften nach Interessen und Kompetenzen zu bilden oder etwa auch kommunikativ-soziale Kompetenzen zu fördern.
- Experten-Debriefing: Beim Ausscheiden von MitarbeiterInnen können Gespräche mit ihnen oder die Aufforderung zur schriftlichen Zusammenfassung nicht nur die Übergabe ihres Arbeitsfeldes an andere erleichtern, sondern auch Kenntnisse und Erfahrung in der Kita halten. Die Nachfrage fällt bei MitarbeiterInnen, die in die Erziehungszeit oder den Ruhestand gehen, leichter als bei Personen, denen personen- oder betriebsbedingt gekündigt wurde. Eine gute Vorbereitung auf diesen Austausch ist für beide Seiten hilfreich, um alle wichtigen Punkte zu berücksichtigen und nichts zu vergessen. Fragen Sie auch die anderen MitarbeiterInnen nach ihren Wissensbedarfen hinsichtlich der ausscheidenden Kollegin. Wenn der Buchhaltungsordner nach dem Abschied nicht gefunden wird oder mit der Mitarbeiterin alle Erfahrung in der Öffentlichkeitsarbeit verschwindet, kann das Alltägliche mühsam oder für Neueinsteiger in ein Themenfeld fast unmöglich werden. Um nicht erst zum Schluss alle Kenntnisse und Wissenssysteme abfragen zu müssen, ist es auch immer sinnvoll, wenn eine zweite Mitarbeiterin frühzeitig Einblick in bestimmte Arbeitsfelder erhält, um das Wissen und auch Kontakte zu externen AnsprechpartnerInnen erhalten zu können, die Einarbeitungszeit zu verkürzen. Trotzdem kann nie alles Wissen erhalten werden. Dafür ist aber die Abfragesituation zum Ende günstig: auch heikle Themen können vielleicht un-

belasteter angesprochen werden oder die Perspektive ist weiter gesteckt.

- Lessons Learned: Dieser Begriff aus dem Projektmanagement steht für die schriftliche Erfassung von Erfahrungen, Entwicklungen, Hinweisen, Schwächen, Risiken, ausstehenden Potenzialen und mehr, die in einem Projekt gemacht wurden. Was haben wir dabei gelernt? Diese Informationen können für die Durchführung ähnlicher Projekte oder Neuauflagen desselben hilfreich sein und Fehler vermeiden helfen, zumal auch Best Practices und Hinweise zu empfehlenswerten wie unbedingt zu vermeidenden Verfahrensweisen hierzu gehören. Diese Aufzeichnungen sind in der Regel Teil der abschließenden Dokumentation eines Projekts und können zunächst relativ unstrukturiert sein. Je präziser sie erfasst werden, Ursache-Wirkungs- oder Problem-Lösungsketten darstellen, je leichter der Zugriff zur Information und je verständlicher sie sind, desto nutzbringender können sie sein. Hat man die Lessons Learned mehrerer Projekte zur Verfügung, können neue Ideen zur strukturellen Verbesserung von Projekten entstehen.
- Story Telling: Dies ist ein Verfahren zur Weitergabe von explizitem, aber insbesondere implizitem Wissen. Dabei geht es um das Erzählen von Geschichten, in die die ZuhörerInnen eingebunden werden und aktiv zuhören, d. h. sie erleben den Inhalt statt ihn nur zu „konsumieren". Auf diese Weise wird das zu transportierende Wissen eher verstanden und fester verankert. Hier gibt es viele Möglichkeiten in der Kita. Wer erzählt z. B. entsprechend vom letzten Projekt mit seinen Problemen und Erfolgen, um daraus für das Nächste zu lernen? Außerdem kann Story Telling auch bei der Problemlösung helfen.
- Projektreview: Die nachträgliche Betrachtung eines abgeschlossenen Projekts oder einer Projektphase ist Bestandteil des Qualitätsmanagements. Hier soll aus den (bislang) gewonnenen Einsichten und Erfahrungen für das weitere Vorgehen oder neue Projekte gelernt werden. Positive Aspekte wie Stärken und Chancen des Projekts werden hier ebenso berücksichtigt wie Schwächen und Risiken als negative Seiten. Die Ergebnisse können dokumentiert werden, z. B. als Teil der Lessons Learned, um die Erkenntnisse zu erhalten und für am Projekt nicht Beteiligte zugänglich zu machen.

- Best Practice: Hiermit wird eine Einrichtung, ein Projekt, eine Verfahrensweise, eine Managementtechnik und Ähnliches bezeichnet, das nicht nur alle gesetzten Ziele erreicht, sondern sich als besonders effizient und effektiv bewährt hat, so dass es als Modell bzw. Muster für andere dienen kann. In der Regel ist die Auszeichnung erst nach einem Benchmarking möglich, wenn also mehrere vergleichbare Kitas, Projekte, Verfahrensweisen etc. verglichen wurden bzw. man sich untereinander darüber ausgetauscht hat, um die oder den Besten zu ermitteln. Wenn Kitas z. B. als Best Practices in einem Arbeitsfeld ihre Praxistauglichkeit optimal bewiesen haben, geben sie anderen Orientierung und zeigen den Leistungsschwächeren neue Ziele und Verbesserungsmöglichkeiten auf. Um diese Beispiele nachhaltig nutzen zu können und genauso erfolgreich zu werden, darf man nicht halbherzig nur ein kleines Element dem Vorbild anpassen, sondern sollte die wesentlichen Strukturen erfassen und bei sich umsetzen, wenn man nicht scheitern will.
- Benchmarking: Dieses Analyseinstrument kann helfen, in kürzester Zeit Verbesserungen zu erzielen. Anhand der Identifikation und des Verstehens von Konzepten, Methoden, Instrumenten und Prozessen einer anderen Einrichtung und den Einrichtungen eines anderen Trägers und durch das gezielte Übertragen und Implementieren entscheidender Elemente bei sich, können Effizienz oder Effektivität erhöht, die bisherige Arbeit in der Kita erleichtert oder sogar Vorteile im Wettbewerb mit anderen Kitas erzielt werden.
- Weblog: Sie können die Kenntnisse anderer nutzen, von ihren Erlebnissen und Erfahrungen lernen oder Ihre Ideen und Projekten in Ihrer Kita selbst in ein Online-Tagebuch schreiben, sei es im Internet, um sich mit anderen auszutauschen, von Dritten zu lernen, oder im Intranet des Trägers. Es kann auch der Anfang Kita-übergreifender Projekte sein. Es gibt Fachblogs mit Artikeln zu speziellen Themen und ganz allgemeine; neue Einträge stehen an erster Position, ältere folgen in umgekehrt chronologischer Reihenfolge.
- Yellow Pages: Die „gelben Seiten“, sind laufend aktualisierte Übersichten oder Datenbanken über Kompetenzen und Spezialwissen – in Ihrer Kita, in Ihrem Umfeld (Eltern, Förderkreis etc.),

in den Einrichtungen des Trägers insgesamt, um bei Bedarf rasch die ExpertInnen in der Organisation nach Wissensgebieten finden zu können.

Die Einführung von Wissensmanagement und stetige Pflege der entsprechenden Strukturen funktionieren nur, wenn alle MitarbeiterInnen sie mittragen und fördern. Aus den vorgestellten Instrumenten des Wissensmanagements sollten die für die Kita geeigneten gemeinsam ausgewählt werden. Alle sollten die Weitergabe und Nutzung von Wissen als integralen Bestandteil der Arbeit verstehen und dies auch über den eigenen Arbeitsplatz hinaus leben. Unternehmen nutzen mitunter Leitsätze, um ihre Wissensstrategie zu vermitteln, die auch in das Leitbild einer Kita passen, wie z. B. „Ich möchte, dass andere wissen, dass ich was weiß", „Es ist für mich selbstverständlich, mein Wissen mit anderen zu teilen, vorhandenes Wissen zu nutzen, neues Wissen zu erwerben und anzuwenden" oder „Damit trage ich zur Erhaltung, Leistungs- und Wettbewerbsfähigkeit unserer Kita bei". Sprechen Sie über diese Wissens-Leitsätze mit Ihren MitarbeiterInnen, mit Ihrem Träger. Das Thema ist so wichtig, dass die Kita-Leitung das Projekt leiten sollte. Eine gute Möglichkeit aber, eine weitere Mitarbeiterin in die Umsetzung zu integrieren und als Multiplikatorin gegenüber ihren KollegInnen zu nutzen, ist eine „Patenschaft" für das Projekt Wissensmanagement, d. h. sie begleitet die Implementierung, berichtet in Dienstbesprechungen darüber und steht als Ansprechpartnerin zur Verfügung. Sie ist damit mitverantwortlich für den Erfolg. Bei trägerweiten Projekten kann das auch eine „Patin" je Kita sein. Dies fördert nicht nur die Auseinandersetzung mit dem Thema in der Kita, sondern unterstützt auch die Projektleiterin selbst in Diskussionen.

4.3 Werbung, Auswahl und Einstellung neuer MitarbeiterInnen

Das Personalmarketing zur Gewinnung neuer MitarbeiterInnen in der Kita gliedert sich in der Regel in drei Phasen: Werbung, Auswahl und Einstellung. Auch wenn jede Mitarbeiterin einer Kita, auch die Kita-Leiterin, die Phasen bereits ein- oder mehrmals aus Bewerbersicht durchlaufen hat, ist die selbstständige Durchführung doch etwas ganz anderes und leicht können sich Probleme oder Mängel zeigen. Fehlendes Wissen und Erfahrung zeigen sich hier, wie es viele schon kennen:

> Weil sich Bewerberin und Auswählende vielleicht gleich sympathisch sind oder sich bereits kennen, weil Bildungswege, Hobbies oder Freunde beide Seiten miteinander verbinden, gerät die Übereinstimmung mit dem ausgeschriebenen Eignungsprofil für die Kita zur Nebensache. Doch schon nach wenigen Tagen zeigt sich, dass das pädagogische Konzept der neuen Kollegin nicht mit dem Leitbild der Kita zusammenpasst, sich organisatorische Probleme ergeben oder die sozialkommunikative Kompetenz zu wünschen lässt. Weder entsprechen die Kenntnisse und Handlungsgrundsätze der Neuen den Informationen in ihren Bewerbungsunterlagen, noch kommt sie zwischenmenschlich mit den langjährigen MitarbeiterInnen zurecht. Alle Seiten sind enttäuscht, die Vertrauensbasis ist frühzeitig zerstört. Trotz verschiedener Bemühungen bleibt eigentlich nur die Trennung voneinander, aber so einfach ist das nicht ...

Oft haben Fehlentscheidungen kurzen und langfristige negative Effekte für die Kita und die MitarbeiterInnen mit ihrer pädagogischen Arbeit. Zu den zentralen Erfolgsfaktoren der Gewinnung neuer MitarbeiterInnen gehören diese:

- eindeutiges Anforderungsprofil als Grundlage der Personalwerbung und -auswahl
- nicht intuitive, sondern systematische, standardisierte, kritische Diagnose und Auswahl

D.h. auch, dass Sie durch eine gute Vorbereitung aller Maßnahmen die Durchführung vereinfachen, Zeit und Kosten sparen können – und das nicht nur im Verlauf der Beschaffungsmaßnahme, sondern auch hinterher, wenn es um Anleitung und Beratung, Qualifizierung, Konfliktmanagement geht oder gar zu arbeitsrechtlichen Auseinandersetzungen kommt. Beide Punkte sollen bei der folgenden Darstellung besonders erläutert werden, um Ihnen Kompetenz und Sicherheit für das nächste Mal zu vermitteln.

Personalwerbung

Die Grundlage der Personalwerbung ist das Anforderungsprofil, das für jede Stelle anders sein kann: welche motivierte Bewerberin mit welchen Qualifikationen wird wo benötigt? Nur mit präzisen, konkreten Informationen über das Ziel, das gewünschte Anforderungsprofil kann man sich für die richtige Form und Methode der Personalwerbung entscheiden und hinterher die BewerberInnen, die sich melden, mit ihrem Profil dem gegenüberstellen.

- Beschreiben Sie die freie Stelle mit sämtlichen Anforderungen oder greifen Sie auf vorhandene Stellenbeschreibungen zurück und überprüfen Sie sie auf ihre Aktualität und Vollständigkeit. – Handelt es sich um eine Erzieherin zur Unterstützung einer Gruppe oder eine Gruppenleiterin, um eine spezialisierte Pädagogin oder Ihre Stellvertreterin? Welche Aufgaben und Zuständigkeiten, welche Rechte und Pflichten, welche Einstellungen, (non)formale Qualifikationen und Kompetenzen soll sie haben? Wie alt soll sie sein, welche Vorerfahrung mitbringen, welche zusätzlichen Kenntnisse, Erfahrungen und Interessen wären von Vorteil? Können vorhandene Fachkräfte aufsteigen, Praktikantinnen oder Berufsanfängerinnen die Stelle besetzen? Wann soll sie wo und wie lange arbeiten? Welches Arbeitszeitmodell und welches Gehalt ist für sie vorgesehen? Welche persönlichen Erwartungen haben Sie oder auch Ihre MitarbeiterInnen? Etc.
- Beschreiben Sie den Rahmen, in dem die neue Stelle besetzt werden soll. – Was ist das Leitbild des Trägers und Ihrer Kita? Welche Themen und Aufgaben sollen neu oder anders besetzt werden? Welche konzeptionellen oder organisatorischen Umstrukturierungen sind vorgesehen oder im Gange? Welche Zielgruppen hat Ihre Einrichtung? Welches Umfeld hat die Kita? Wie entwickelt sich die Nachfrage und welche Tendenzen (inhaltlich, strukturell, finanziell etc.) zeichnen sich ab?
- Prüfen Sie, ob die Stelle durch Job Enlargement oder Enrichment attraktiver gestaltet werden kann oder welche Aufstiegschancen oder anderen Aufwertungen möglich sind.

- Prüfen Sie, ob das Anforderungsprofil marktgerecht, d. h. die Besetzung und damit Umsetzung der Anforderungen realistisch ist.
- Gewichten Sie die einzelnen Punkte, d. h. systematisieren Sie die ermittelten Aussagen und Auswahlkriterien hinsichtlich ihrer Wertigkeit. Was ist ein Muss für die Kita an dieser Stelle? Was sind die zentralen Kompetenzen für die Tätigkeit, was ist weniger wichtig? Was ist Ihnen, den KollegInnen am wichtigsten? Was ist nachrangig oder „wäre nur nett"?
- Versuchen Sie, verschiedene „Szenarien" aufzuzeigen. – Was sind Ihre Mindestanforderungen (d. h. wo ist Ihre „Schmerzgrenze", was ist das Mindestmaß an Fähigkeiten, die mitgebracht werden müssen, auch um eine Überforderung der neuen Mitarbeiterin zu vermeiden)? Was wären die Maximalanforderungen, d. h. wo ist die Grenze hinsichtlich der Qualifikationen, um auch Unterforderung und Arbeitsunzufriedenheit zu vermeiden? Wie sieht das ideale Profil aus, d. h. wie sähe die ideale Bewerbung aus?
- Passen Sie auf, dass Sie die Anforderungen an die BewerberInnen weder zu hoch noch zu niedrig ansetzen. Sind sie zu hoch, fallen alle Bewerberinnen durch, sind sie zu niedrig, erscheinen alle geeignet. In beiden Fällen haben Sie dann kein Unterscheidungskriterium mehr. Denken Sie an das, was im Markt möglich ist, welche Chancen Ihr Anforderungsprofil hat.

Die Ziele der Personalwerbung sind:

- potenzielle, adäquat qualitifizierte BewerberInnen über die Organisation, die Kita und die zu besetzende Stelle zu informieren
- eine ausreichende Zahl von geeigneten KandidatInnen, d. h. Personen mit der adäquaten Qualifikation und ausreichend motiviert, zur Bewerbung zu bewegen.

> Hier muss auch auf die Rahmenbedingungen der Kita, ihren Bekanntheitsgrad, ihr Umfeld und ihr Image geachtet werden. Die Organisationskultur der Kita, das Angebot einer vielfältigen Tätigkeit, flexibler Arbeitsinhalte und Aufstiegsmöglichkeiten sind hingegen Kriterien, die gut beworben werden können.

Doch wo soll man für die freie Stelle werben? **Intern** gibt es nicht nur die Möglichkeit, eine Praktikantin für die vakante Stelle direkt zu interessieren, sondern die Stelle in der Kita oder bei anderen Kitas desselben Trägers auszuschreiben. Schwarze Bretter, Mitarbeiterzeitungen, Meldungen im Intranet oder offizielle Rundschreiben (per Post oder E-mail) sind nur einige Möglichkeiten, andere über den Bedarf und die Anforderungen zu informieren. Die Mitarbeitervertretung kann darüber hinaus verlangen, dass vakante Arbeitsplätze – mit Ausnahme derer für leitende Angestellte – vor ihrer Besetzung innerhalb der Organisation bzw. Einrichtung ausgeschrieben werden. Hier sollte geregelt werden, in welchem Zeitraum eine erfolgreiche Bewerberin die alte Position gegen die neue austauschen kann, um Verzögerungen zu vermeiden.

Extern kann man über Stellenanzeigen in Zeitungen, Fachzeitschriften, in den Organen des Trägers, bei der Bundesagentur für Arbeit, im Internet oder evtl. auch bei Personalvermittlern für die Stelle werben oder Initiativbewerbungen, d. h. eingesandte Unterlagen von Personen, die sich ohne Ausschreibung um die Mitarbeit in der Kita bemühen, berücksichtigen.

> Der Schwerpunkt der Bemühungen bei der Personalgewinnung kann sich je nach Situation verschieben: Bei Arbeitskräftemangel steht eher die möglichst attraktive Werbung im Mittelpunkt, um doch noch geeignete MitarbeiterInnen zu bekommen. Bei einem Überangebot an BewerberInnen sollte Ihr Augenmerk besonders auf der Auswahl der besten Kandidatin liegen.
>
> Achten Sie jedoch immer bei der Werbung auf eine eindeutige Formulierung Ihrer Anforderungen, um wirklich nur die besten KandidatInnen zur Bewerbung zu motivieren. Außerdem ersparen Sie sich mit der Wahrheit und Klarheit Ihrer Stellenanzeigen Ärger, Kosten und Zeit.

Haben Sie für die freie Stelle geworben? Haben Sie eine Zahl an Bewerbungsunterlagen erhalten? Dann sollten Sie den BewerberInnen auf jeden Fall zunächst eine Eingangsbestätigung schicken, also einen kurzen Brief,

- dass ihre Unterlagen bei Ihnen angekommen sind,
- dass Sie sich für das Interesse an der ausgeschriebenen Stelle bedanken,
- dass die Durchsicht der Bewerbungen und die Vorbereitung der Vorstellungsgespräche noch etwa bis … dauern kann,
- dass Sie sich wieder bei ihr melden
- und dass bei Fragen Frau … unter der Telefonnummer … gerne zur Verfügung steht.

Sollte sich das Verfahren verzögern, ist es übrigens für jede Bewerberin angenehm, wenn Sie eine kurze Zwischeninformation erhält, in der Sie sich für die Geduld und das Verständnis angesichts dieser Umstände bedanken. Das spricht auch für die Einrichtung.

Bewerberauswahl

Gegenstand und Ziel der Bewerberauswahl ist die Identifikation der Bewerberin, deren Eignungsprofil die höchste Übereinstimmung mit den Anforderungsmerkmalen der zu besetzenden Stelle aufweist. In dieser zeit- und kostenaufwändigsten Phase der Personalgewinnung können mehrere Auswahlverfahren angewendet werden, um die Eignung der KandidatInnen zu überprüfen und die Person zu ermitteln, die am besten mit dem Anforderungsprofil übereinstimmt. Mit der Entscheidung für eine bestimmte Methode sind auch Ziele verbunden.

Das oberste Ziel ist es, mit Hilfe des Auswahlverfahrens die zukünftige Arbeitsleistung und Einstellungen der Bewerberin möglichst genau einschätzen zu können. Die Qualität der Eignungs-Diagnose entscheidet über den Erfolg und Nutzen der Beschaffungsmaßnahmen. Aber auch der Wunsch nach einer zuverlässigen Diagnose und nicht nur subjektiven Erkenntnissen, ein geringer Kosten- und Zeitaufwand, aber komplexe Aussagen, die Akzeptanz des Auswahlverfahrens (z. B. abhängig von der Zahl der BewerberInnen, der Transparenz der Information für die Entscheidung beider Seiten für oder gegen eine Stelle) und die Legalität, d. h. die Beachtung der Rechte und Interessen der BewerberInnen sind wichtige Aspekte.

Mögliche Verfahren und Kriterien sind:

- Bewerbungsunterlagen (Anschreiben, Lebenslauf, Zeugnisse, Referenzen, Lichtbild etc. – Wie ist der Gesamteindruck der Unterlagen? Wie sind die einzelnen Aussagen – Floskeln oder individuelle Informationen?)
- Personalfragebogen
- Einstellungsgespräche
- Testverfahren (Persönlichkeits- oder Fähigkeitstests, Assessment Center; Testverfahren können mit hohen Kosten verbunden sein und werden daher meist nur in größeren Organisationen oder bei der Auswahl von Führungskräften genutzt.)

Vor der Durchführung von Vorstellungsgesprächen und Testverfahren steht immer die Vorauswahl auf der Basis der schriftlichen Unterlagen.

Bewerten Sie das Anschreiben zur Bewerbung und den Gesamteindruck der Unterlagen separat von den Inhalten der Zeugnisse etc. Je nach ausgeschriebener Position und den gewünschten Qualifikationen können Sie nicht nur eine ordentliche, korrekt geschriebene Bewerbung erwarten, sondern auch mehr als einen Satz. Ein Anschreiben sollte etwa ein bis anderthalb Seiten lang sein, keine Schreibfehler oder Kaffeeflecken aufweisen, unterschrieben sein und verschiedene Informationen bereits enthalten: Weshalb bewirbt sich die Bewerberin und weshalb will sie ggf. den Arbeitsplatz wechseln? Wann kann Sie die Stelle antreten? Warum glaubt die Bewerberin, die gesetzten Anforderungen erfüllen zu können? Gibt sie ReferenzgeberInnen an? – Der wichtigere Teil der Bewerbungsunterlagen sind aber die übrigen Papiere.

Gerade der Lebenslauf gibt Hinweise auf die gesamte Entwicklung der Bewerberin und sollte, wenn möglich, keine oder erläuterte „Lücken" enthalten. Die Aussagen von Zeugnissen und Referenzen sind besonders kritisch zu betrachten. Hier sollten ggf. Personalhandbücher herangezogen werden, um die genauen Wertigkeiten, Auslassungen etc. besser erkennen zu können. Legen Sie sich im Vorfeld ein Raster anhand Ihres Anforderungsprofils an, d. h. auch mit den Gewichtungen der einzelnen Anforderungen, und nutzen Sie ein Punktesystem ähnlich den Schulnoten.

Dann können Sie systematisch und standardisiert die Übereinstimmung des Bewerberprofils mit Ihrem Anforderungsprofil, dem Idealprofil überprüfen. Wenn Sie sich streng an dieses Raster halten, stellen Sie sicher, dass Sie am Ende ein transparentes, nachvollziehbares Ergebnis erhalten, dass Sie handlungsfähig macht.

Außerdem können Sie das ausgefüllte Raster auch für die folgenden Bewerbungsgespräche mit den besten KandidatInnen nutzen, Schwachstellen noch einmal hinterfragen und die fehlenden Angaben ergänzen.

Nach der Vorauswahl wissen Sie, welche BewerberInnen für ein persönliches Gespräch in Frage kommen und welche nicht.

Ein Absageschreiben sollte ebenso freundlich formuliert sein wie ein Einladungsschreiben. Denken Sie auch daran, die Bewerbungsunterlagen an die nicht ausgewählten Personen zurückzusenden, ihnen für die Mühe zu danken und viel Erfolg für die nächste Bewerbung zu wünschen.

Ein Einladungsschreiben nimmt ebenso Bezug auf die Ausschreibung und Bewerbung und enthält konkrete Hinweise zum Bewerbungsgespräch. Bei der Angabe von Ort und Zeitpunkt sollten Sie berücksichtigen, dass sich die Bewerberin ggf. um einen Urlaubstag bemühen muss und etwas Vorlauf braucht bzw. zum genannten Ort anreisen muss. Der genaue Ort – am besten mit einem Anreisehinweis – und Zeitpunkt gehören ebenso in den Brief wie die Angabe, wer von Ihrer Seite an dem Gespräch teilnehmen wird. Für Fragen sollte eine Ansprechpartnerin genannt werden. Vielleicht ergänzen Sie auch noch den Personalfragebogen, eine Broschüre Ihrer Kita oder den Hinweis, wie die Reisekosten vergütet werden.

! Je nach Position der ausgeschriebenen Stelle kann die Einladung statt in Briefform oder parallel dazu telefonisch erfolgen. Hier können Sie auch rasch einen ersten persönlichen Eindruck von der meist überraschten Bewerberin erhalten, den Sie sich notieren. Sie sollten aber weder zu extremen Uhrzeiten anrufen noch die Telefonnummer der aktuellen Arbeitsstelle Ihrer Bewerberin benutzen.

Bereiten Sie sich in Ruhe auf die Bewerbungsgespräche vor, die einzeln oder in Gruppen durchgeführt werden können. Planen Sie aber immer großzügig Zeit ein, denn der Gesprächsverlauf kann nie genau kalkuliert werden. Wählen Sie auch einen Tag, der für alle Auswählenden stressfrei, d.h. ohne andere Verpflichtungen ist, um sich in Ruhe und frei von anderen Gedanken den BewerberInnnen zuwenden zu können. Auch hier hilft Ihnen wieder ein Bewertungsraster bei der Durchführung und der Dokumentation aller Gesprächsergebnisse.

Überlegen Sie sich im Voraus eine Struktur des Gesprächs und bereiten Sie einen Fragenkatalog vor. Dann können Sie nicht nur besser aktiv zuhören, sondern behandeln auch alle KandidatInnen gleich. Das haben alle – meist nervösen – BewerberInnen ebenso verdient wie einen höflichen, korrekten Umgang (auch wenn Sie eine Bewerberin unsympathisch finden). Das heißt auch, dass Sie in der Regel kein Stressinterview führen sollten – ein Gespräch, bei dem Sie Ihr Gegenüber künstlich durch Fangfragen und Körpersprache etc. unter Druck setzen –, sondern freundlich und sachlich die gewünschten Kompetenzen abklären. Situative Interviews, d. h. Gespräche, bei denen die BewerberInnen Auskunft über ihr Verhalten in bestimmten Situationen geben sollen, können hingegen ruhig ein Bestandteil des Bewerbungsgesprächs sein.

Nach dem Gespräch, das sich durchweg am Anforderungsprofil, der Arbeitsrealität und den aufkommenden Fragen – auch auf Bewerberseite – orientiert, sollten Sie sich auf jeden Fall bei der Bewerberin freundlich für ihren Besuch und das Gespräch bedanken und wünschen Sie eine gute Heimreise – egal, wie das Treffen verlief. Auch sollten Sie ihr mitteilen, wann Sie mit einer Benachrichtigung hinsichtlich Ihrer Entscheidung rechnen kann.

Nach jedem Bewerbungsgespräch sollten Sie zunächst Ihren Gesamteindruck festhalten, bevor Sie sich vielleicht in einer kurzen Pause kurz mit Ihren KollegInnen im Gespräch über eine erste Bewertung austauschen. Auf jeden Fall sollten Sie aber nach allen Bewerbungsgesprächen noch Zeit einplanen, um in der Runde alle BewerberInnen noch einmal sachlich begründet durchzugehen, zu diskutieren und die entsprechenden Entscheidungen – Absage oder Einstellung – zu treffen.

Falls Sie sich zwischen zwei oder drei BewerberInnen nach objektiven Maßstäben nicht entscheiden können, kann es ratsam sein, diese Personen noch einmal zu einem Gespräch einzuladen. Dies kostet zwar Mühe, ist aber immer noch ein geringerer Aufwand als eine potenzielle Fehlbesetzung einer Stelle.

Personaleinstellung

Die letzte Phase der Personalgewinnung ist die Einstellung. Sie unterteilt sich in die Ausfertigung und Unterzeichnung des Arbeitsvertrags einerseits und die fachliche und soziale Eingliederung der neuen Kita-Mitarbeiterin andererseits.

Gerade die Eingliederung in den laufenden Betrieb der Kita ist hier sehr wichtig, wenn man nicht einen Misserfolg riskieren will. Die systematische Einarbeitung, Informations- und Orientierungsprogramme sowie Patenschaften und Mentoring helfen, enttäuschte Erwartungen auf beiden Seiten zu vermeiden. Über- und Unterforderungen, unklare Rollenverteilung und fehlendes Feedback durch die Vorgesetzte sind wenig hilfreich. Vielmehr sollten Sie alles tun, um die neue Mitarbeiterin rasch und umfassend im Team zu integrieren, zur Arbeit zu motivieren und so allen Seiten den gewünschten Nutzen zu bringen.

4.4 Freisetzen von Personal

Die „Personalfreisetzung“ ist das letzte Element der Personalbedarfsplanung und -deckung. Sie ist auch in einer Kita erforderlich, wenn mehr MitarbeiterInnen dort arbeiten, als benötigt werden oder Qualifikationsdefizite festgestellt werden. Demnach unterscheidet man betriebsbedingte (quantitativ, qualitativ, zeitlich und räumlich begründete Überdeckung) und mitarbeiterbedingte (leistungs-, qualitative, anforderungs- oder verhaltensbedingte) Ursachen für eine Entlassung. Wenn immer weniger Kinder die Einrichtung besuchen, können Kündigungen z. B. ebenso notwendig werden, als wenn eine Mitarbeiterin häufig unentschuldigt fehlt und wiederholt unpünktlich ist oder Kinder und MitarbeiterInnen tyrannisiert und trotz Gesprächen und Abmahnung ihr Verhalten nicht ändert.

Beim Freisetzen von MitarbeiterInnen gibt es verschiedene Maßnahmen und Wirkungen, die zu beachten sind. Sie können etwa befristete Arbeitsverträge nicht verlängern und Einstellungsstopps verhängen. Demgegenüber stehen reaktive Maßnahmen (Kündigungen) mit einem geringeren Planungsaufwand, aber oft negativeren Effekten auf die Mitarbeiterin oder die Kita. Qualitative, zeitliche oder räumliche Maßnahmen (z.B. Versetzungen) verändern den Personalbestand nicht; nur durch Kündigung kann ein Personaluberhang abgebaut werden. Sie ist immer noch die einschneidendste und oft ungeliebteste Aufgabe der Kita-Leitung. Zudem unterliegt die Wahl geeigneter Maßnahmen zur Personalfreisetzung immer auch arbeitsrechtlichen Schutzklauseln und – gerade bei größeren Organisationen – den Anhörungs- und Mitbestimmungsrechten der Mitarbeitervertreter.

Die verschiedenen Maßnahmen, die in der Regel in der Kita ergriffen werden, aber zwischen den Trägern auch differieren können, sind:

- Nichtverlängerung von befristeten Arbeitsverträgen: Wenn der Personalbestand durch die Nichtverlängerung von befristeten Verträgen erreicht werden soll, gibt es oft rechtliche Restriktionen, die vorher geprüft werden müssen. Umgekehrt kann auch die zeitliche Beschränkung von Arbeitsverträgen schon schwierig sein, denn nach herrschender Rechtslage haben Arbeitnehmer nach der zweimaligen Verlängerung eines befristeten Arbeitsverhältnisses für dieselbe Tätigkeit das Anrecht auf eine unbefristete Beschäftigung.
- Verhängen eines Einstellungsstopps: Dabei wird – meist zeitlich befristet – die natürliche Fluktuation unter den MitarbeiterInnen zur Personalfreisetzung genutzt, die durch Kündigung seitens einer Mitarbeiterin, den regulären Übergang in den Ruhestand, Invalidität, Tod etc. bestimmt ist. Ein genereller Einstellungsstopp umfasst alle Arbeitsbereiche und Positionen in der Kita und dient der deutlichen Einsparung bei den Personalkosten. Dafür ist er unkalkulierbar in seiner Wirkung hinsichtlich eben dieser Kostensenkung und der

sinkenden Leistungs- und Wettbewerbsfähigkeit der Einrichtung. Ein qualifizierter Einstellungsstopp bezieht sich nur auf bestimmte, oft wichtige Mitarbeitergruppen. In einer Kita können das etwa spezialisierte PädagogInnen (z. B. Musik-, Sprach- oder BehindertenpädagogInnen) oder MitarbeiterInnen in der Gruppe sein. Ein so genannter modifizierter Einstellungsstopp besagt, dass bei freiwerdenden Stellen die Nachbesetzung besonders geprüft wird und überzeugend begründet werden muss.

- Vereinbaren von Aufhebungsverträgen: Hier wird den MitarbeiterInnen eine Abfindung angeboten, wenn sie die Kita freiwillig verlassen. Man vermeidet auf diese Weise lange Diskussionen mit den MitarbeitervertreterInnen und ggf. sogar Arbeitsgerichtsprozesse und dadurch einen Schaden für das Image der Kita oder des Trägers. Ein beachtenswertes Problem dieses Verfahrens ist jedoch, dass eher die MitarbeiterInnen die Kita verlassen, die besonders qualifiziert sind, da sie auf eine raschere Neubeschäftigung hoffen können bzw. sie bei Vertragsende manchmal schon haben.

- Früher Übergang in den Ruhestand: Inwieweit diese Maßnahme angesichts der demografischen Entwicklung und Ideen zur Verlängerung der Lebensarbeitszeit noch möglich ist, ist fraglich. Aber auch unabhängig davon sollte man hierbei immer bedenken, wie viel Wissen und Erfahrung der Kita gerade mit dem Ausscheiden älterer MitarbeiterInnen verloren gehen kann. Wenn MitarbeiterInnen dennoch vorzeitig gleitend oder unmittelbar in den Ruhestand gehen, können sie begrenzt staatliche Zuschüsse zu Altersrente bzw. vermindertem Arbeitsentgelt erhalten.

- Kündigung bzw. Entlassung: Das „letzte Mittel" der Personalfreisetzung mit einschneidenden Folgen für alle Betroffenen ist die Kündigung. Sie kann einen Einzelfall betreffen oder eine ganze Gruppe von MitarbeiterInnen. Die erstgenannte Kündigung ist mitarbeiterbedingt. (Für besonders schutzbedürftige Personengruppen wie Schwerbehinderte, Auszubildende, schwangere Frauen und MitarbeiterInnen in Elternzeit, Zivildienstleistende und Mitglieder der Betriebsverfassungsorgane besteht hier ein besonderer Kündigungsschutz.) In Abstimmung mit den MitarbeitervertreterInnen wird hier entweder eine ordentliche Kündigung ausgesprochen oder eine Änderungskündigung, nach der die betroffene Mitarbeiterin einvernehmlich an eine andere Stelle wechselt.

Die dritte Variante ist die verhaltensbedingte Kündigung. Unentschuldigtes Fernbleiben von der Arbeit, wiederholte Unpünktlichkeit, Alkoholmissbrauch, Leistungsverweigerung oder Straftaten, also Fehlverhalten, das sich auch nach einer Abmahnung nicht ändert, ist die Grundlage. Eine fristlose Kündigung ist dann möglich, wenn der Kita als Arbeitgeber eine weitere Beschäftigung bis zum Ende der Kündigungsfrist nicht zuzumuten ist.

Bei der betriebsbedingten, gruppenbezogenen Entlassung wird gemeinhin zwischen einem kurzfristigen und dauerhaften Personalüberschuss unterschieden. Die kurzfristige Situation ist für die Kita kaum gegeben. Eher stark saisonal abhängige Branchen sind hier betroffen, die dann Kurzarbeit anmelden können. Allerdings kann bei dauerhafter Überbesetzung in der Kita unter Berücksichtigung gesetzlicher Kündigungsfristen Personal entlassen werden. Dies könnte vor allem bei der Schließung von Kitas oder Gruppen wegen zu geringer Auslastung, d. h. langfristig fehlender Kinder nötig werden. Inwieweit dann Sozialpläne vereinbart werden können und wem gekündigt werden muss, ist auch abhängig von der Größe der Einrichtung oder des Trägers, der jeweiligen Situation etc.

Auch wenn gute Gründe vorliegen, fällt vielen die Entscheidung und Umsetzung einer Kündigung schwer. Bedenken Sie aber auch, dass Sie niemandem mit einem Herauszögern der Entscheidung oder des entsprechenden Gesprächs helfen: Fristen müssen aus rechtlichen Gründen eingehalten werden und die entlassene Person braucht Zeit, um sich anderweitig zu bewerben. Hier ist eine kleine Hilfe:

Planen Sie also etwas Zeit für die Vorbereitung des Kündigungsgesprächs und des Entlassungsschreibens ein und legen

Sie den Termin auf einen ruhigen Zeitpunkt, vielleicht am nächsten Nachmittag. Formulieren Sie vorab, was Ihnen schwer fällt zu sagen. Notieren Sie für sich, was die konkreten Gründe für die Kündigung sind, warum es keine andere Lösungsmöglichkeit gibt und was Ihnen (besonders) gut an der Mitarbeiterin und Ihrer Arbeit gefallen hat. Denken Sie beim Verfassen des Kündigungsschreibens ggf. auch an einen guten Wunsch für die Zukunft.

Im Gespräch mit der betroffenen Person sollten Sie nicht nur eine möglichst angenehme Atmosphäre schaffen, sondern auch, wenn möglich, zuerst ein positives Feedback geben. Dann erklären Sie die Sachlage. Erkundigen Sie sich ruhig nach der Situation und Gefühlslage Ihres Gegenübers und entscheiden Sie, ob und wie Sie ihr (oder auch sich und den KollegInnen) die letzten Arbeitstage erleichtern oder sie überhaupt noch unterstützen könnten. Gerade bei der betriebsbedingten Kündigung freundschaftlich verbundener MitarbeiterInnen können Sie Ihre Hilfe durchaus anbieten oder auch gezielt den privaten Kontakt weiter suchen.

5. Wie führe ich meine MitarbeiterInnen?

Personalführung ist das für den Unternehmenserfolg entscheidendste, aber auch schwierigste Geschäft der Kita-Leitung. Um es bewältigen zu können, braucht die Führungskraft spezifisches Führungswissen, eingeübte Routinen, sichere Beherrschung der Instrumente und eine auf Respekt und kritischer Wertschätzung beruhende Haltung den MitarbeiterInnen gegenüber. Es ist selbstverständlich, dass diese Voraussetzungen nicht allein über die Lektüre eines praxisorientierten Ratgebers für die Kita-Leitung geschaffen werden können. Trotzdem ist eine Zusammenfassung der wichtigsten fachlichen Inhalte und ihre Illustration an Beispielen und Tipps eine wertvolle Hilfe zur Bewältigung des Alltags.

> Definition:
>
> Personalführung heißt, als Führungskraft das Verhalten anderer durch unmittelbare Kommunikation und Interaktion zu beeinflussen, um die Gruppe der MitarbeiterInnen unter Berücksichtigung ihrer Fähigkeiten und der strukturellen und situativen Gegebenheiten zur gemeinsamen und wirkungsvollen Aufgabenerfüllung zu bringen.
>
> Führung ist eine Dienstleistung für die MitarbeiterInnen und das Unternehmen. Die direkte, persönliche und individuelle Beziehung zwischen Vorgesetzten und MitarbeiterInnen steht im Vordergrund.

Mit Personalführung meint man also die Verhaltensbeeinflussung, bei der die persönliche Beziehung im Vordergrund steht. Während andere Aufgaben des Personalmanagements von verschiedenen Personen z. B. in einer Personalabteilung erledigt werden können, ist die Personalführung Aufgabe der Linienvorgesetzten. In einer normalen Kita ist meist die Kita-Leitung die Linienvorgesetzte aller in der Kita tätigen MitarbeiterInnen, sowohl des pädagogischen als auch des Wirtschaftspersonals.

Da die Personalführung auch durch symbolische Führung beeinflusst werden kann, spielt die Organisationskultur insgesamt eine wichtige Rolle: Vorgesetzte handeln (symbolisch), ihr Handeln wird interpretiert und löst geregeltes Handeln aus. Unter Organisationskultur versteht man die Gesamtheit aller Orientierungsmuster in einer Einrichtung, alle Denkhaltungen und Symbole seit jeher und aktuell, die das Verhalten der MitarbeiterInnen prägen.

Der Analyse und Darstellung von Organisationskulturen liegt in der Fachliteratur oft folgendes Kulturmodell von Edgar H. Schein zugrunde.

Die Basisannahmen einer Unternehmung, d. h. die grundlegenden Überzeugungen und Vorstellungsmuster über die Umwelt, Wahrheit, menschliche Natur, menschliches Handeln und zwischenmenschliche Beziehungen stehen für die erste Ebene. Sie bilden eine unsichtbare, eher unbewusste und unter der Realitätsebene verankerte latente Sinnstruktur mit geringem Veränderungspotenzial.

Diese Basisannahmen zeigen sich in teils sichtbaren, teils unbewussten Normen und Standards, die Handlungsregeln enthalten. Sie können explizit in organisatorischen Grundsätzen formuliert oder Grundlage impliziter Verhaltensrichtlinien sein.

Auf der dritten Ebene des Kulturmodells sind die Symbolsysteme angesiedelt. Das sind z. B. die Logos der Organisation, Sprache, Kleidung und Umgangsformen, Geschichte(n) und Rituale in einer Einrichtung. Symbole veranschaulichen interpretationsbedürftige Annahmen und Wertvorstellungen nach innen und außen.

Je stärker und prägnanter die Organisationskultur und je besser sie unter den MitarbeiterInnen verbreitet und von ihnen verinnerlicht ist, desto weniger benötigen diese MitarbeiterInnen die Verhaltensbeeinflussung durch eine Linienvorgesetzte. Die Identifikation mit der Einrichtung, ihren Grundlagen, Werten und Zielen unterstützt also die Mitarbeiterführung.

> Wegen der großen Bedeutung der Organisationskultur ist in der Kita die bewusste, vertrauensvolle Kommunikation untereinander, die Arbeitsplatzausstattung etc., auf die an anderer Stelle eingegangen wird, wichtig. Setzen Sie Ihr Logo bewusst ein, schärfen Sie das Profil der Kita intern und extern und schaffen Sie verbindende Rituale. Nutzen Sie die Formulierung von Leitsätzen in Ihrer Kita auch, um über Menschen- und Weltbilder zu diskutieren, gemeinsame Werte zu identifizieren. Nehmen Sie relevante Aspekte als Merkposten in Ihr Wissensmanagement auf. Die MitarbeiterInnen und die Kinder nehmen diese Umgebung und Verhaltensweisen tagtäglich auf und geben Sie weiter. Durch diese verinnerlichte Organisationskultur wird auch die Loyalität stark unterstützt.

Das Mitarbeiterverhalten kann durch Motivation oder durch Macht beeinflußt werden. Zwischen diesen beiden Polen sind die wichtigen Elemente einer Führungsphilosophie angesiedelt, die Aussagen machen soll über das zugrunde liegende Menschenbild, die Art der Entscheidungsfindung, die Art der Entscheidungsdurchsetzung und die Umsetzungskontrolle.

Die Führungsphilosophie, der das eigene Menschenbild der Führungskraft zugrunde liegt, prägt den Führungsstil, der wiederum Auswahl und Art der Anwendung der Führungsinstrumente bestimmt. Die Entscheidung über Form und Umfang der Partizipation der MitarbeiterInnen muss erfolgen, bevor mit verschiedenen kommunikativen Methoden, persönlichen Weisungen oder Zielvorgaben der beschlossene Führungsstil umgesetzt wird. Am Schluss steht die Kontrolle des Ganzen, sei es selbstständig oder von außen. Sie kann sich am Verhalten oder den Ergebnissen der Personalführung orientieren.

Welche Möglichkeiten zu führen in der Regel unterschieden werden, wird im folgenden Abschnitt erläutert.

5.1 Führungsstile

Mit dem Begriff Führungsstil bezeichnet man gemeinhin die Art und Weise, wie eine einzelne Vorgesetzte ihre MitarbeiterInnen führt. Diese komplexen Verfahrensweisen, unterschiedlich geprägt von Motivation oder Macht, entwickeln sich mit der Zeit immer weiter. Ob ein bestimmter Führungsstil erfolgreich ist, hängt von verschiedenen Faktoren ab, so dass bei Erfolgen in der Regel eine klare Zuordnung von Ursache und Wirkung kaum möglich ist.

> Wenn Sie als Leiterin in einer Kita tätig sind oder sein werden, sollten Sie sich (vorab) überlegen, was Ihnen im direkten Umgang mit Ihren MitarbeiterInnen wichtig ist und wie Sie sie grundsätzlich führen möchten. Bei Umstellungen des Führungsstils ist es sinnvoll, im Rahmen einer Dienstbesprechung Ihre Änderung nicht nur bekannt zu geben, sondern die zukünftigen Richtlinien Ihres Handelns zu erläutern. So können Sie alle MitarbeiterInnen gleichermaßen informieren und so spätere Irritationen oder Konflikte vermeiden. Alle können sich an Ihnen orientieren.

Klassisch sieht man die beiden Grundvarianten autoritärer bzw. hierarchischer oder demokratischer bzw. kooperativer Führungsstile als die beiden Gegenpole, zwischen denen sich die verschiedenen anderen Varianten anordnen lassen. Letzterer galt in der Betriebswirtschaftslehre lange als bevorzugte Richtung, wobei allerdings der jeweilige Arbeitsbereich bzw. die aktuelle Lage zu berücksichtigen ist. Dies können Sie leicht nachvollziehen, wenn Sie sich vorstellen, dass z. B. nach einem Unfall in der Kita erst noch mit allen diskutiert werden soll, wie man jetzt am besten vorgeht und wer den Notarzt ruft ... In jüngerer Zeit tendiert man deshalb dazu, MitarbeiterInnen situativ zu führen, d. h. sich der unterschiedlichen Varianten je nach Sachlage zu bedienen. Entscheiden Sie sich für Ihren Stil!

Autoritärer bzw. hierarchischer Führungsstil

Hier entscheidet eine unnahbare Führungskraft allein. Sie gibt Anweisungen, Anordnungen und verteilt Aufgaben ohne jedes Mitspracherecht der MitarbeiterInnen, die nie gefragt oder anderweitig einbezogen werden. „Befehl und Gehorsam" sind – ähnlich dem Militärdienst – die Charakteristika dieser Führung; Widerspruch oder Kritik ist nicht gewünscht. Auf Fehler der Untergebenen folgen Strafen statt Hilfen. Dies alles wirkt meist negativ auf die Motivation der MitarbeiterInnen, schränkt persönliche Freiheit ein und birgt auch die Gefahr von einsamen Fehlentscheidungen durch Vorgesetzte, die mit ihrer Allmacht, der Masse und Vielfalt an Aufgaben und Entscheidungen überfordert sind. Unter den MitarbeiterInnen werden letztlich Rivalitäten gefördert und Kompetenzen bleiben unentdeckt. Fällt dann die Führungskraft aus, kann großes Chaos entstehen.

Dennoch hat dieser Stil auch einige Vorteile: Entscheidungen können je nach Bedarf in kürzester Zeit gefällt werden. Alle Kompetenzen sind klar geregelt, Kontrolle ist leicht möglich. Kurzfristig kann sogar die Leistung einer Gruppe von MitarbeiterInnen gesteigert werden – allerdings nicht auf Dauer.

Demokratischer bzw. kooperativer Führungsstil

Bei dieser Führung werden die MitarbeiterInnen in die unternehmenseigenen Prozesse, Entscheidungen und Weiterentwicklungen einbezogen. Diskussionen sind nicht nur erlaubt, sondern erwünscht. Die Führungskraft erwartet sachliche Unterstützung von ihren MitarbeiterInnen. Durch Delegation werden Aufgaben übertragen. Fehler werden nicht bestraft, sondern es werden vielmehr Hilfen angeboten, diese zu beheben und es beim nächsten Mal besser zu machen. Nachteilig wirkt sich diese Führungsvariante allerdings auf die Entscheidungsgeschwindigkeit und -klarheit aus, denn je nach Thema, Situation und Betroffenheit der MitarbeiterInnen, kann es zu längeren Diskussionen, Problemen mit der Disziplin oder weniger präzisen Ergebnissen kommen.

Von Vorteil ist bei diesem kooperativen Vorgehen die hohe Motivation der MitarbeiterInnen und die meist angenehme Arbeitsatmosphäre. Sie können sich je nach Kompetenz einbringen, ihre Kreativität entfalten und die Vorgesetzte auch entlasten.

Laissez-faire

Darüber hinaus gibt es letztlich auch die Möglichkeit, den MitarbeiterInnen alle Freiheiten zu lassen: laissez faire. Doch ist fraglich, inwiefern hier noch von „Führungsstil" die Rede sein kann.

Hier bestimmen die MitarbeiterInnen ihre Arbeit, Aufgaben und Organisation selbst, während die formal vorgesetzte Person nicht in die Prozesse eingreift, nicht hilft und nicht „bestraft". Informationen untereinander fließen auch nur begrenzt. Die mangelnde Disziplin, Kompetenzgerangel oder ausgeprägte Rivalitäten unter den MitarbeiterInnen und zwischen ihnen und der „Führungskraft" können die Folge dieser Methode sein. Allgemeines Chaos und Durcheinander, das die Arbeitsprozesse deutlich behindert und unmöglich macht, Gruppenbildung und Ausgrenzung von Individuen sind letztlich jederzeit möglich.

Demgegenüber stehen die großen Freiheiten der MitarbeiterInnen, die ihre Entscheidungen eigenständig treffen, ihre Individualität wahren und selbstständig arbeiten können.

Weitere Differenzierungen

Daneben können weitere Unterscheidungen zwischen Führungsstilen getroffen werden:

Die **richtungsbezogene** Führung etwa unterscheidet zwischen Aufgaben- bzw. Sachorientierung und Personen- bzw. Beziehungsorientierung.

- Bei Ersterer wird von der Führungskraft Leistungsdruck ausgeübt, der besonders auf eine höhere Arbeitsmenge, eine höhere Stückzahl bei der Produktion oder auch die Übernahme von immer mehr Aufgaben, der Betreuung von immer mehr Kindern abzielt. Fristgerechte Auftragserfüllung ohne Prozessverzögerungen bzw. -behinderungen sind vorrangig. Fehlerhafte Arbeit wird getadelt.
- Bei der personen- bzw. beziehungsorientierten Führung strebt die Vorgesetzte ein partnerschaftliches Verhältnis mit ihren MitarbeiterInnen an, um gemeinsam ein gesetztes Ziel zu erreichen. Die Führungsperson ist offen für die Belange der MitarbeiterInnen, ist ihnen gegenüber loyal und spendet Anerkennung, um die Leistungen noch zu optimieren.

Der **tradierende** Führungsstil lässt sich im Wesentlichen in vier Varianten unterteilen:

- den patriarchalischen Stil mit dem durch Alters-, Wissens- oder Erfahrungsvorsprung begründeten Leitbild eines autoritären, gütigen „Herrn im Haus“ bzw. „Familienvaters“, der offen für seine Untergebenen ist, aber Gehorsam fordert.
- den charismatischen Stil, bei dem MitarbeiterInnen durch eine enorme Ausstrahlungskraft geführt werden und Abhängigkeitsverhältnisse entstehen können: die Vorgesetzte ist zu nichts verpflichtet, die Untergebenen bringen jedes Opfer, notfalls bis zur völligen Erschöpfung.
- den autokratischen Stil, der durch eine fast grenzenlose Machtfülle und einen präzise organisierten Leitungsapparat geprägt ist und unbedingten Gehorsam von den Untergebenen fordert. Im Gegensatz zum patriarchalischen Stil fehlt hier die vertraute Wärme, zum charismatischen Stil die Begeisterung hervorrufende Ausstrahlung.
- den bürokratischen Stil, der die bürokratischen Instanzen und Befugnisse in den Vordergrund rückt. Detaillierte Stellenbeschreibungen mit Rechten und Pflichten und exakten Prozessabläufen sind ein Kennzeichen, ein anderes die fehlende herrschende Führungskraft, ein Drittes die begrenzte Effizienz und Flexibilität des Systems, weil alles nur „in geregelten Bahnen“ läuft.

Beim **gruppenbezogenen** Führungsstil richten sich die Vorgesetzten nach den einzelnen Gruppen und Gruppenmitgliedern, die sich durch bestimmte Verhaltensweisen, Wertigkeiten etc. auszeichnen. Neue MitarbeiterInnen und AußenseiterInnen werden bewusst an die Gruppe herangeführt, hier integriert, Hilfe angeboten; besonders kompetente und leistungsstarke MitarbeiterInnen werden durch die Delegation von hochwertigen, komplexen Aufgaben gefördert und ihre Leistung angemessen gewürdigt; Querulanten und Gruppenclowns werden durch Strenge, Autorität, präzise Zielvereinbarungen kontrolliert; Leistungsschwache werden angespornt und gezielt für bestimmte Aufgaben aktiviert etc.

Situativer Führungsstil – auch in der Kita

Heutzutage setzt sich immer mehr die Tendenz durch, situativ zu führen. Das Verhältnis von Vorgesetzten, MitarbeiterInnen und der jeweiligen Situation bestimmt die Führung. Je nach Notwendigkeit werden die verschiedenen Führungsstile kombiniert. Hier kann auch der Reifegrad einer Mitarbeiterin als Entscheidung für oder gegen einen Führungsstil berücksichtigt werden, können Situation und geschätzter Erfolg als zentrale Faktoren gelten oder die Gesamtbetrachtung des Menschen und seiner Arbeitsleistung die Führungssituation beeinflussen.

Allerdings erfordert gerade dieses situative Führen auch eine große Führungskompetenz und das nötige Fingerspitzengefühl. Auch wenn situativ entschieden wird, sollten klare Linien im Verhalten der Führungskraft nach außen erkennbar bleiben, um allen MitarbeiterInnen Orientierung zu geben und nicht als willkürlich handelnde Person verkannt zu werden, Rivalitäten auszulösen oder mehr.

Gelingt diese kombinierte, als zukunftsweisend betrachtete Führung, dann bietet sie enormen Gestaltungsspielraum, Führung und Freiheiten, situative, individuelle Berücksichtigung und Motivation, flexibles, zeit- und sachgerechtes Vorgehen ohne Extreme und eine angenehme Unternehmenskultur für alle: etwas Gutes für die Kita und alle, die hier arbeiten und leben.

Was heißt das für die Kita-Leitung? Die Leiterin ist ein Teil des Teams. Sie muss aus diesem Team nicht hervorgegangen sein, aber sie sollte akzeptiert und integriert sein und den MitarbeiterInnen bzw. KollegInnen Identifikation ermöglichen. Die Kita-Leiterin sollte klar in ihrem Denken und Handeln sein, verbal und nonverbal die Führungsrolle einnehmen können. Sie sollte souverän sein, selbstbewusst und stark auch mit eigenen Fehlern umgehen und genau den Vorsprung an Kompetenz, an Wissen und Erfahrung haben, den sie für ihre Führungsposition benötigt. So kann sie je nach Situation steuern und entscheiden, bremsen, anspornen, mitziehen und integrieren, fördern und fordern. Wenn es einer Führungskraft im Vergleich zu ihren MitarbeiterInnen in manchen Kita-Bereichen deutlich an Kompetenz fehlt und dadurch ihre Vorrangstellung in Frage gestellt wird, kann das genauso negative Effekte haben wie Personen, die „unfehlbar perfekt“, fast schon unnahbar oder „unmenschlich“ sind und keine Identifikation mehr zulassen. Beteiligen Sie also die MitarbeiterInnen und nutzen Sie Ihre Führungskompetenzen, um die Stärken so zusammen zu binden, dass sich trotz der Schwächen jedes Einzelnen ein schlagkräftiges Team bildet. Je höher die Führungsposition ist, desto weniger ist Spezialwissen gefragt: hier kann man z. B. durch Delegieren oder sachliche Zuarbeit nicht nur sachgerecht arbeiten, sondern auch motivieren, Kompetenzen fördern, Wertschätzung und Vertrauen schenken und am Team teilhaben. Ihre Führungsrolle kann und soll dabei durchaus klar zum Ausdruck kommen. Grenzen Sie sich für wichtige und dringende Aufgaben, die Sie erledigen sollten, deutlich ab. Wichtig ist der richtige Umgang mit den Führungsaufgaben, die je nach Träger, Sache, MitarbeiterInnen und aktueller Situation variieren. Probieren Sie es aus, wenn Sie nicht schon diesen situativen Führungsstil praktizieren. Gerade die Kinder Ihrer Einrichtung werden von diesem Führungsstil profitieren: Er kann ein angenehmes Arbeitsklima schaffen, indem sich alle persönlich im Team akzeptiert und integriert fühlen. Gleichzeitig gibt eine klare Leitfigur Orientierung und Hilfe. Loyalität und gegenseitiges Vertrauen werden gefördert, Flexibilität sowie effiziente Handlungs- und Entscheidungsfähigkeit werden bedarfsorientiert möglich.

5.2 Gespräche mit den MitarbeiterInnen

Eines der wichtigsten Führungsinstrumente sind die Gespräche mit den MitarbeiterInnen. Es gibt viele Formen, die jeweils unterschiedliche Zwecke erfüllen und unterschiedlichen Regeln unterliegen. Man kann mit einzelnen MitarbeiterInnen, mit Gruppen oder mit allen zugeordneten MitarbeiterInnen sprechen. Bei letzterem handelt es sich um das Teamgespräch.

> Für alle Gespräche gelten die Grundregeln gelungener Kommunikation: das Achten auf das Verständnis und den Umgang mit Nachrichten von Sender und Empfänger sowie auf verbale und nonverbale Sprache. Schaffen Sie einen entspannten, freundlichen, wenig störanfälligen Rahmen. Für die Sprechende ist es wichtig, kurze, überschaubare Sätze zu bilden und vorher zu wissen, was man genau sagen will, so dass man präzise formulieren, Informationen und Ideen übersichtlich

> und prägnant mitteilen kann. Wer zuhört, sollte sich auf das konzentrieren, was das Gegenüber tatsächlich sagt und bis zum Schluss zuhören. Hören Sie bei wichtigen Dingen z. B. Vereinbarungen aktiv zu und paraphrasieren Sie Gehörtes, um den Inhalt exakt zu erfassen, ggf. Korrekturen und Weiterreden zu ermöglichen und Ihr Zuhören zu dokumentieren. Man sollte versuchen, Details im Gesamtzusammenhang zu erfassen, statt Einzelnes „herauszupicken" und deshalb misszuverstehen. Sie sollten auch vermeiden, voreilig Gesprächsblocker oder „Killerargumente", die keine Diskussion mehr zulassen, zu verwenden. Grenzen Sie sich bei anderen gegenüber solchen Äußerungen oder rein emotionalen „Einwicklungstaktiken" ab. Denken Sie über die eigene konstruktive Antwort erst nach, wenn Ihre Gesprächspartnerin ausgeredet hat und aufmerksam ist und vergessen Sie nicht, wie leicht Beziehungen durch unvorsichtige, unsensible oder destruktive Äußerungen in Mitleidenschaft gezogen werden können, wo es nicht nötig wäre.

Vom Teamgespräch zur Dienstbesprechung

Der Begriff Teamgespräch ist in Kitas allgemein üblich. Trotzdem sollte man überlegen, ob man das „Teamgespräch" nicht zur „Dienstbesprechung" machen sollte. Mit diesem Begriff signalisiert man, dass die Teilnahme eine dienstliche Verpflichtung ist, dass es sich nicht um ein richtungsloses Gespräch, sondern um eine ergebnisorientierte Besprechung mit klarer Zielsetzung handelt. Mit der Dienstbesprechung werden unterschiedliche Funktionen erfüllt. Es ist einmal das zentrale Instrument der Informationsvermittlung zwischen den MitarbeiterInnen. Daneben können Erfahrungen und Ideen ausgetauscht werden. In der Dienstbesprechung gibt es die Möglichkeit, dass Probleme in den einzelnen Gruppen oder mit einzelnen Kindern durch kollegiale Beratung einer Lösung zugeführt werden können. Hier soll es aber um die Dienstbesprechung als Instrument der Führung für die Leitung gehen.

In Kitas als kleinen Betriebseinheiten ist es üblich, das Teamgespräch mit allen pädagogischen MitarbeiterInnen gleichzeitig zu führen. Diese Praxis ist nicht zu beanstanden, weil es kaum Unterstrukturierungen oder Untergruppen von MitarbeiterInnen gibt, die man sinnvoller Weise in eigenen Besprechungen mit der Leitung zusammenfassen könnte. Nur in sehr großen Einrichtungen oder bei großen Trägern mit einer Reihe von Kita-Standorten sind weitergehende Aufteilungen sinnvoll. Gruppen, die man in solch großen Einheiten zusammenfassen kann, sind etwa die MitarbeiterInnen, die Spezialaufgaben wie die interkulturelle Arbeit oder die Sprachförderung haben, oder Standortleitungen. Im letzten Fall handelt es sich um routinemäßige Führungsbesprechungen, weil hier die Führungskräfte für die Ebene der Standorte mit ihrer jeweiligen Vorgesetzten sich über gemeinsame Linien verständigen und die Umsetzung von gemeinsamen Zielen planen können. Da diese spezielle Form der Führungsbesprechung noch recht selten ist, wird hier nicht weiter darauf eingegangen. Viele Aussagen zur Dienstbesprechung sind auch auf die Führungsbesprechungen übertragbar.

Damit die Dienstbesprechung zu einem Führungsinstrument werden kann, ist es wichtig, dass die Kita-Leiterin selbst über die Tagesordnung entscheidet und die Besprechung leitet. Das heißt nicht, dass nicht alle MitarbeiterInnen Tagesordnungspunkte einbringen können. In manchen Kitas ist es üblich, dass die Moderation der Dienstbesprechung wechselt. Dabei sollte man aber bedenken, dass die Moderation entscheidend ist für eine effektive Nutzung der Zeit und für das Erreichen von wirklichen Gesprächsergebnissen, wofür die Leiterin die Verantwortung trägt. Diese Dinge müssen gewährleistet sein, auch wenn ein Teammitglied die Moderation übernimmt. Gibt es eine für die Moderation besonders kompetente stellvertretende Leitung, ist die explizite Delegation der Moderation an diese sicher möglich und sinnvoll. Es ist notwendig, die Besprechungsergebnisse, Aufträge und Vereinbarungen zu dokumentieren, d. h. zu protokollieren und für alle zugänglich zu machen. Die räumlichen Bedingungen müssen stimmen (ausreichend Platz für jeden mit Gelegenheit zum Mitschreiben, keine großen akustischen Störungen, Licht und Luft) und es muss genügend Zeit vorhanden sein, die gezielt genutzt wird. Eine einladende und dekorative Gestaltung des Besprechungstischs schafft eine gute Atmosphäre. Getränke sollten bereit stehen. Wenn die Dienstbesprechung einmal wöchentlich zu einem festen Zeitpunkt stattfindet, was in den meisten Kitas üblich ist, sollten anderthalb bis maximal zwei Stunden genügen. Damit die Zeit optimal genutzt, die Dienstbesprechung zielorientiert strukturiert und durchgeführt werden kann, ist gutes Zeitmanagement wichtig.

Die Reihenfolge der Bearbeitung der Themenpunkte sollte sich nach den beiden Kriterien Dringlichkeit und Wichtigkeit richten: besonders dringliche und wichtige Fragen und Informationen gehören an den Anfang. Das Protokoll der letzten Sitzung sollte auf seine Korrektheit überprüft werden. Ein eigener Punkt ist dabei immer, die Aufträge und Vereinbarungen aus der letzten Sitzung auf ihre Erledigung hin anzuschauen. Dann werden die neuen Themen der vorher festgelegten Reihenfolge nach aufgerufen. Bei manchen Punkten wird es um reine Information gehen. Alle anderen sollten wenn möglich mit einem konkreten Ergebnis abgeschlossen werden. So werden z. B. zur Planung eines pädagogischen Angebots feste Vereinbarungen darüber getroffen, wer was bis wann vorbereitet oder recherchiert. Zum Abschluss der Dienstbesprechung können Themen und Fragen für das nächste Mal zusammengestellt werden.

Wenn Sie sich an diese Regeln halten, werden Sie feststellen, dass die Dienstbesprechungen kürzer werden und die erzielten Ergebnisse gerade für Sie als Führungskraft befriedigend sind. Dieses Vorgehen mag vielleicht sehr formell erscheinen. Die Formen sind aber Routinen, die davon entlasten, die Dienstbesprechung jedes Mal neu strukturieren und in ihrem Verlauf ordnen zu müssen. Die Erfahrung zeigt, dass diese Struktur und die Ergebnisorientierung auch die Mitarbeiterzufriedenheit mit den Besprechungen erhöht.

Die Teamklausur

Für manche Themen und Zwecke ist die wöchentliche Dienstbesprechung nicht geeignet. Wenn ein für das ganze Team neues Thema, wie z. B. die Aufnahme von Unter-3-Jährigen, angegangen werden soll, braucht man Zeit, um sich mit allen Facetten des Themas vertraut zu machen und alle MitarbeiterInnen mit ihren Ideen und Umsetzungsfragen zu Wort kommen zu lassen: das geht am besten in der Teamklausur. Ein weiterer Zweck kann die Vereinbarung der wichtigsten zu erreichenden Ziele für das nächste Jahr sein. Teamklausuren sollten etwa einmal jährlich stattfinden und einen ganzen Tag umfassen. Folgende Dinge sind bei der Planung und Durchführung zu beachten:

- Die Terminabsprache muss sehr frühzeitig erfolgen. Alle MitarbeiterInnen müssen teilnehmen können. Der Betrieb der Kita sollte möglichst wenig gestört werden. Deshalb sollten Klausurtage an Wochenenden stattfinden. Die von den MitarbeiterInnen eingebrachte Zeit muss danach ausgeglichen werden.
- Es gibt eine Einladung mit einer inhaltlichen und zeitlichen Vorstrukturierung des Tages oder der Tage.
- Die Leitung der Klausur liegt in der Hand der Führungskraft. Die Moderation zu einzelnen Punkten kann dabei wechseln.
- Die Leitung achtet darauf, dass alle MitarbeiterInnen sich beteiligen und die Gelegenheit erhalten, ihre Ideen oder Fragen einzubringen.
- Es müssen genügend Pausen eingeplant werden.
- Schön ist es, wenn neben den dienstlichen Angelegenheiten auch das Zusammensein (Grillen, gemeinsames Kochen) oder eine kleine gemeinsame Unternehmung (Wanderung, gemeinsamer Sport) ihren Platz haben. Bei zweitägigen Klausuren können Abend und Morgen dazu genutzt werden, bei eintägigen sollte ein schöner gemeinsamer Abschluss geplant werden.
- Die wichtigsten Ergebnisse sollten gemeinsam dokumentiert werden. Dazu eignen sich Flipcharts oder Plakate. Zielvereinbarungen können so aufbereitet werden, dass sie danach im Personalraum oder im Büro der Leitung aufgehängt werden.

Neben der Dienstbesprechung oder der Klausur mit dem gesamten Team, in denen es primär um die Weiterentwicklung und das reibungslose Funktionieren des gesamten Betriebs geht, sind regelmäßige Gespräche mit den einzelnen MitarbeiterInnen für das

Klima in der Kita und die Weiterentwicklung der MitarbeiterInnen sehr wichtig.

Im Folgenden wird zwischen regelmäßigen und anlassbezogenen Mitarbeitergesprächen unterschieden.

Regelmäßige Mitarbeitergespräche

Gegenüber der früher üblichen Praxis, regelmäßige Dienstbesprechungen abzuhalten und ansonsten mit der einzelnen Mitarbeiterin nur zu sprechen, wenn es einen konkreten Anlass gab, hat sich inzwischen in vielen Unternehmen die Erkenntnis durchgesetzt, dass jede Mitarbeiterin mindestens einmal jährlich die Gelegenheit haben sollte, mit ihrer direkten Vorgesetzten persönlich zu sprechen. Durch diese Gespräche hat die Vorgesetzte die Möglichkeit, die Qualität der Beziehung zwischen sich und jeder ihrer MitarbeiterInnen zu gestalten und zu optimieren. Die regelmäßigen Mitarbeitergespräche haben die Funktion, die Aufmerksamkeit der Vorgesetzten bewusst auf die Mitarbeiterin zu richten. Sie kann sich ihre Leistungen ins Gedächtnis rufen, ihr Verhalten, ihre Stellung im Team überprüfen, aber auch das eigene Verhalten der Mitarbeiterin gegenüber bedenken. Die Mitarbeiterin selbst hat die Gelegenheit, ihre Arbeitsschwerpunkte und besonderen Leistungen im vergangenen Jahr darzulegen, ihre persönliche Sicht zu eigenem Verhalten vorzustellen. Dabei sollte sie auch die Gelegenheit haben, ihrer Vorgesetzten zurückzuspiegeln, wie deren Führungsverhalten auf sie persönlich wirkt, und kritische Punkte im Verhältnis Vorgesetzte-Mitarbeiterin anzusprechen.

Es empfiehlt sich, das regelmäßige Mitarbeitergespräch dazu zu nutzen, die Ziele des nächsten Jahres mit der Mitarbeiterin zu vereinbaren. Diese Funktion tritt in einer Kita beim Gespräch mit den einzelnen MitarbeiterInnen aber eher zurück, da viele Ziele das ganze Team betreffen und deshalb – wie beschrieben – dort vereinbart werden sollten.

! Zielvereinbarungen können sowohl mit dem ganzen Team als auch mit einzelnen MitarbeiterInnen erfolgen. In beiden Fällen ist es wichtig, die Ziele richtig zu formulieren. Dabei kann die

SMART-Formel helfen. Ziele sind dann gut (smart) formuliert, wenn sie

- S Spezifisch – d.h. nicht zu allgemein, auf Aufgaben der Person oder Gruppe bezogen
- M Messbar – d.h. genau definiert, was als Zielerreichung definiert ist
- A Anspruchsvoll, aber erreichbar – d.h. erforderliche Bedingungen und Ressourcen sind vorhanden, aber die Zielerreichung muss besonderen Einsatz fordern
- R Relevant – d.h. bedeutsam für Erfolg und Bestand des Unternehmens Kita
- T Terminiert – d.h. der Zeitpunkt der Zielerreichung ist festgelegt

sind.

Folgende Regeln sind bei Zielvereinbarungsgesprächen beachtenswert:

Da es sich um Vereinbarungen handelt, sind die Gespräche immer zwischen Vorgesetzten und betroffenen MitarbeiterInnen zu führen. Es hat keinen Sinn, zu viele Ziele zu vereinbaren. Die Vereinbarung weniger Ziele unterstreicht deren Bedeutung. Die Ziele sollen sich an den Vorgaben des Leitbilds orientieren, das vom Träger für die Einrichtung verabschiedet worden ist. Das Ergebnis der Zielvereinbarung ist jeweils schriftlich festzuhalten. Bei langfristigen Zielen ist es sinnvoll, so genannte Meilensteine mit Teilzielen zu vereinbaren. Alle vereinbarten Ziele sind verbindlich und werden zu einem festgelegten Zeitpunkt auf ihre Erreichung hin überprüft. Sie sind zumindest Thema beim nächsten regelmäßigen Mitarbeitergespräch. Zielvereinbarungen können geändert werden, wenn die erforderlichen Bedingungen sich geändert haben oder ihre Relevanz wegen neuer Entwicklungen abgenommen hat.

Regelmäßige Mitarbeitergespräche dienen insbesondere folgenden Zielen:
- Verbesserung der Zusammenarbeit und Festigung der gegenseitigen Führungsbeziehung
- Förderung der Mitarbeiterin z. B. durch Anerkennung und Kritik
- Frühzeitiges Erkennen gegenseitiger Befindlichkeiten und Förderung eines positiven Arbeitsklimas und des gegenseitigen Vertrauens
- Information über Hintergründe, auch aus dem persönlichen Bereich
- Besseres gegenseitiges Kennenlernen.

Daraus ergeben sich diese Inhalte:
- Arbeitsschwerpunkte im letzten Jahr
- Individuelle Arbeitsziele und ihre Umsetzung für das folgende Jahr
- Arbeitsbelastung und Auslastung
- Individuelle Kompetenzentwicklung und Gehaltsfragen
- Anerkennung und Kritik durch die Vorgesetzte
- Reflexion der gegenseitigen Führungsbeziehung
- Emotionale Aspekte wie Zufriedenheit, persönliche Erfolge, persönliche Hintergründe und Belastungen, Konflikte.

Zur Vorbereitung und Durchführung des Mitarbeitergesprächs ist Folgendes zu beachten:
- Wahl eines geeigneten Raums und Zeitpunkts
- Persönliche Einladung mit Angabe der wichtigsten Inhalte und der Gesprächsdauer durch die Vorgesetzte etwa vierzehn Tage vorher
- Gestaltung einer guten Gesprächsatmosphäre (Getränke, nicht am Schreibtisch, Vermeiden von Störungen)
- Mitarbeiterorientierung (Persönliche Ansprache, Interesse an Person und Arbeit der Mitarbeiterin, angemessener Gesprächsanteil für die Mitarbeiterin)
- Mehr aktives Zuhören als selber sprechen
- Sicherung des Gesprächsergebnisses durch konkrete Verabredungen
- Abschluss des Gesprächs durch Frage an die Mitarbeiterin nach der Einschätzung des Gesprächsverlaufs und durch Dank für die Gesprächsbereitschaft.

Diese Aspekte machen bereits deutlich, dass die Führungskraft das Mitarbeitergespräch vor allem dazu nutzen sollte, die Sichtweise ihres Gegenübers kennen zu lernen. Durch ihr Interesse an Person und Arbeit kann sie ihre Wertschätzung ausdrücken, Vertrauen fördern, die Wirkungsweise ihres Handelns kontrollieren und die Führungsbeziehung festigen oder verbessern.

> Vielleicht finden Sie solche regelmäßigen Mitarbeitergespräche übertrieben für die kleine Einheit Kita. Man sieht und spricht sich doch jeden Tag. Unterschätzen Sie aber nicht die Wirkung auf die einzelne Mitarbeiterin, wenn die Vorgesetzte sich einmal im Jahr Zeit nimmt, sich ausführlich mit ihr zu unterhalten, sich für ihre Belange, sowohl persönlich als auch was die Arbeit betrifft, zu interessieren und gemeinsam über die berufliche Weiterentwicklung zu beraten. Probieren Sie es einmal aus, Sie werden vom Erfolg und Nutzen auch für Sie selbst überrascht sein.

Neben den regelmäßigen Mitarbeitergesprächen gibt es die anlassbezogenen Gespräche.

Das Kritikgespräch

Der Anlass für ein Kritikgespräch können fachliche Fehler oder berufsbezogene Verhaltensprobleme sein. Deshalb findet das Kritikgespräch immer unter vier Augen statt. Es muss genauso geplant, vorbereitet und kompetent durchgeführt werden wie alle anderen Mitarbeitergespräche. Das bedeutet auch, MitarbeiterInnen bei erkennbaren Fehlern nicht vor den KollegInnen zu kritisieren. Das kann eher Widerstand gegen eine Verhaltensänderung hervorrufen. Durch ein gut vorbereitetes Kritikgespräch können problematische Verhaltensweisen von MitarbeiterInnen am besten korrigiert und Fehlerquellen minimiert werden.

Nicht jedes Fehlverhalten muss kritisiert werden, denn es kann manchmal auch durch ungenaue Vorgaben der Vorgesetzten verursacht worden sein. Hier sollte sich das Führungsverhalten ändern. Zeigt sich das Fehlverhalten aber in einem wichtigen Aspekt der Arbeit mit bedeutsamen Folgen für den ganzen Betrieb, ist ein Kritikgespräch angebracht.

In der Regel ist es so, dass sich die Mitarbeiterin nicht absichtlich falsch verhält. Es geschieht oft unbewusst und ohne zu bemerken, welche Folgen damit für die Eltern und Kinder und die ganze Kita entstehen.

Im Kritikgespräch kommt es wesentlich darauf an, der betroffenen Person die Konsequenzen ihres Fehlverhaltens so vor Augen zu führen, dass sie ihr Gesicht nicht verliert und durch negative Emotionen keine zusätzlichen Widerstände für die Verhaltensänderung aufgebaut werden.

Ein Kritikgespräch muss deshalb gut vorbereitet werden:

- Noch einmal überprüfen, ob ein Kritikgespräch die angebrachte Lösung für das Problem ist oder ob das Fehlverhalten nicht durch eigene Ungenauigkeiten oder mangelnde Informationen ausgelöst wurde.
- Konkrete Beispiele von beobachtetem Fehlverhalten müssen präsent sein. Sie sollten erst vor kurzem geschehen sein und von der Vorgesetzten sachlich beschrieben werden können
- Die äußeren Bedingungen des Gesprächs planen (Zeitpunkt, Raum, Atmosphäre).

Ein Kritikgespräch könnte etwa folgenden Verlauf nehmen:

- Einführende Phase: Durch persönliche Ansprache positiven Kontakt aufnehmen – Gesprächsanlass benennen – Gesprächsziel formulieren – Sachverhalt sachlich vortragen
- Stellungnahme der Mitarbeiterin erbitten: Was ist ihre Sicht der Situation? Was sind Gründe und Ursachen?
- Tatsachenfindung: Besprechung der Ursachen und Folgen – sachliche Ursachenfindung – Klären offener Fragen – Richtigstellen von Aussagen – Aufzeigen eingetretener oder zu befürchtender Folgen
- Ergebnisse zusammenfassen: Zusammenfassung beider Sichtweisen – Ggf. die Unterschiede benennen

- Vereinbarung zukünftigen Verhaltens: Vereinbarung über Inhalt und Ausmaß der Veränderung – Zeitliche Vereinbarungen – Zustimmung der Mitarbeiterin erfragen – Hilfen anbieten – Kontrolle und Unterstützung verabreden
- Ausblick: Ergebnisse sichern – Eindeutige Zusammenfassung der Vereinbarung über die zukünftige Verhaltensänderung – Sich der Zustimmung der Mitarbeiterin versichern – Zuversicht und Vertrauen in die Fähigkeit zur Verhaltensänderung äußern – Dank für die Kritik- und Änderungsbereitschaft der Mitarbeiterin
- Folgeschritte: Kontakt nach dem Gespräch bewusst aufrechterhalten – Vereinbarte Unterstützung zukommen lassen – Positive Veränderungen explizit anerkennen

Die Leiterin einer Kita beobachtet seit einiger Zeit, dass eine ihrer MitarbeiterInnen Eltern kurz abfertigt, wenn diese mit Fragen und Gesprächswünschen auf sie zukommen. Sie hat einmal erlebt, dass eine besorgte Mutter beim Abholen über ein Problem ihres Kindes mit der Mitarbeiterin sprechen wollte und von dieser nur zu hören bekam, dass man das in der Kita auch längst bemerkt habe und jetzt keine Zeit sei, darüber zu sprechen. Dem folgte aber weder ein Gesprächsangebot für einen günstigeren Zeitpunkt noch eine eigene Wiederaufnahme des Gesprächs durch die Mitarbeiterin.

Die Leiterin geht auf die betroffene Mitarbeiterin zu und bittet sie um ein Gespräch wegen des beobachteten Umgangs mit Eltern. Sie lässt sich nicht jetzt auf Diskussionen und Rechtfertigungen der Mitarbeiterin ein, sondern vereinbart einen Termin am nächsten Tag. So haben beide Zeit, sich mit dem bevorstehenden Gespräch auseinander zu setzen. Die Leiterin hat für den Termin Kaffee bereitgestellt und setzt sich mit der Mitarbeiterin zusammen an einen Tisch. Durch Übergabe des Telefons an eine andere Mitarbeiterin hat sie für einen ungestörten Gesprächsverlauf gesorgt. Sie nimmt durch das Angebot von Kaffee und persönliche Ansprache positiv Kontakt mit der Mitarbeiterin auf. Sie formuliert noch einmal den Gesprächsanlass und macht deutlich, dass sie auf eine Verhaltensänderung der Mitarbeiterin zielt. Sie möchte, dass Eltern als Erziehungspartner und Kunden ernst genommen werden und alle MitarbeiterInnen ihnen mit Freundlichkeit und Offenheit begegnen. Dies gilt verstärkt, wenn den Eltern, wie der Mutter in diesem Fall, deutlich Besorgtheit anzumerken ist. Daraufhin bittet sie die Mitarbeiterin, ihre Sicht der Situation zu schildern. Diese beteuert, dass ihr gar nicht aufgefallen sei, dass sie der Mutter kurz angebunden begegnet ist. Sie sei in der Abholsituation von anderen Dingen abgelenkt gewesen und habe nicht sonderlich auf die Mutter geachtet. Außerdem sei das von der Mutter geschilderte Problem des Kindes nichts Besonderes und käme bei vielen Kindern vor. Die Leiterin äußert ihr Verständnis für den Stress der Abholsituation, macht aber deutlich, dass das Verhalten trotzdem nicht gebilligt werden kann. Aus Sicht der Mutter handelt es sich um ein Problem ihres Kindes, das sie ernst genommen sehen möchte. Darauf hat sie ein Recht. Außerdem hatte die Mutter kaum Zeit, das Problem wirklich zu schildern: vielleicht handelt es sich wirklich um etwas nicht so Normales. Die Leiterin macht die Mitarbeiterin noch einmal darauf aufmerksam, dass sich das Nichtbeachten von Beobachtungen und Sorgen von Eltern zu ernsten Schwierigkeiten führen kann für die betroffenen Kinder, aber auch für das Bild der Kita in den Augen der Eltern. Die Mitarbeiterin kann die Bedenken der Leiterin nachvollziehen und sagt zu, in Zukunft besonders darauf zu achten, in stressigen Situationen ein offenes Ohr für die Belange der Eltern zu behalten. Die Leiterin schlägt vor, dass die Mitarbeiterin eine vertraute Kollegin darum bittet, sie in diesen Situationen zu beobachten und ihr eine Rückmeldung zu ihrem Verhalten gegenüber den Eltern zu geben. Diese Vereinbarung wird noch einmal wiederholt und das gegenseitige Einverständnis formuliert. Die Leiterin macht deutlich, dass sie, so wie sie die Mitarbeiterin sonst kennt, zuversichtlich ist, dass es zur gewünschten Verhaltensänderung kommt. Sie dankt für die Kritikbereitschaft und die Einsicht in die Notwendigkeit einer Verhaltensänderung. In den folgenden Wochen erkundigt sie sich gelegentlich bei der Mitarbeiterin nach den Rückmeldungen der Kollegin und teilt auch selbst ihre Beobachtung der positiven Verhaltensänderung anerkennend mit.

Das Anerkennungsgespräch

Genau wie ein Fehlverhalten sollten auch fachlich besonders gute Leistungen oder ein außergewöhnlich hoher Einsatz Anlass für ein Gespräch mit der Mitarbeiterin sein. Dabei ist es wichtig, dass die Anerkennung nicht zu pauschal geäußert wird („Gut gemacht!"), sondern sehr konkret die besondere, das Übliche überschreitende Leistung benannt und gewürdigt wird. Solche Anerkennungen dürfen nicht zu häufig sein, sonst wirken sie unglaubwürdig und verfehlen ihren Zweck.

Die wichtigsten Ziele eines Anerkennungsgesprächs sind, die Arbeitsfreude zu heben, Sicherheit in dem gezeigten Verhalten zu fördern, die Zufriedenheit mit der Arbeit zu steigern und die Mitarbeiterin weiter zu motivieren. Damit die Anerkennung nicht als indirekte Kritik an den übrigen MitarbeiterInnen wirkt, sollte das Anerkennungsgespräch auch unter vier Augen stattfinden. Ausnahmen davon können sein, wenn man weiß, dass die KollegInnen die Anerkennung der besonderen Leistung teilen und die Anerkennung durch die Öffentlichkeit noch gesteigert wird. Öffentliche Anerkennung ist auch bei besonderen Anlässen wie Jubiläen oder Verabschiedungen von MitarbeiterInnen angebracht.

Die Anerkennung kann sich sowohl auf die Aufgabenerfüllung als auch auf persönliche Stärken und Tugenden beziehen. Es sollte etwas sein, was die Mitarbeiterin vom üblichen Grad oder der üblichen Art der Aufgabenerfüllung unterscheidet. Auch Handeln kann Anerkennung enthalten. Am wirkungsvollsten ist es, wenn besonders anspruchsvolle und interessante Aufgaben übertragen und Entscheidungsspielräume eingeräumt werden. Damit drückt man großes Vertrauen in die fachliche Kompetenz und Leistungsfähigkeit der Mitarbeiterin aus.

Ein Anerkennungsgespräch sollte von den äußeren Rahmenbedingungen und dem Verlauf her genau so gut vorbereitet werden wie andere Mitarbeitergespräche. Es fällt aber sicher leichter als ein Kritikgespräch. Trotzdem darf es nicht vergessen werden.

Durch die Art der Durchführung von Mitarbeitergesprächen oder Teamgesprächen drückt sich die Führungskultur und das Führungsverständnis der Kita-Leiterin aus. Es gibt jedoch noch weitere Aspekte, die dazu beitragen können, ein Team als Arbeitseinheit zu bilden und weiter zu entwickeln.

5.3 Teamentwicklung

Die Teamentwicklung gilt im Personalmanagement als Aufgabe der Führungskraft, der die Mitarbeit und Loyalität als Aufgaben der MitarbeiterInnen gegenüberstehen.

Die geringe Größe der Betriebseinheit Kita macht es möglich, dass alle MitarbeiterInnen sich als eine Arbeitsgruppe sehen, als Team arbeiten können. Was aber zeichnet ein Team aus?

- Direkte Interaktion und Kommunikation unter den Mitgliedern
- Gemeinsame Normen und ein „Wir-Gefühl"
- Eine gemeinsame Aufgabe und Identifikation damit
- Unterschiedliche Rollen, wenig oder gar keine hierarchische Differenzierung
- Polyvalenter Einsatz der Teammitglieder – keine oder wenig Abgrenzung von einzelnen Funktionsstellen.

Auch Teams brauchen eine Führung. Ihre wichtigste Aufgabe ist es, die Energie für die Ziele und Aufgabenerfüllung in der Gruppe zu wecken und zwischen beiden die Balance zu halten. Gleichzeitig sollten Sie für den Zusammenhalt in der Gruppe sorgen. Wenn die sozialen Beziehungen im Team nicht gepflegt werden und Gleichgültigkeit oder Konflikte entstehen, richtet sich die Energie der Gruppe automatisch darauf, ihren Zusammenhalt wiederherzustellen. Diese Energie geht dann für die Aufgabenerfüllung verloren. Umgekehrt ist es auch nicht angebracht, dass ein Team sich hauptsächlich um die Pflege der Beziehungen zwischen seinen Mitgliedern kümmert und der Aufgabenerfüllung den Platz in der zweiten Reihe zuweist.

Wir kennen alle die Teams, die schon seit vielen Jahren zusammenarbeiten, sich alle auch persönlich kennen und gut verstehen: Die Kita läuft wie am Schnürchen. Es gibt zwar auch keine besonders großen Neuerungen oder Weiterentwicklungen, aber die Arbeit ist nicht schlecht und die Eltern beklagen sich wenig. In einer solchen Einrichtung drängt sich der Verdacht auf, dass der Aufgabenerfüllung nicht das ihr gebührende Gewicht gegeben wird. Jedes neue Teammitglied wird „Unruhe" rein bringen. Oft sind es junge MitarbeiterInnen, die andere Ideen für die Arbeit haben, dann aber die Erfahrung machen, dass man sich damit nicht auseinandersetzen will. Der Zusammenhalt der Gruppe ist so stark, dass das Team ohnehin genug damit zu tun hat, das neue Gruppenmitglied zu integrieren. In einer solchen Kita ist es erforderlich, die Energien für die Aufgabenerfüllung neu zu wecken und die Begeisterung dafür, was man mit guter fachlicher Arbeit erreichen kann. Meist gelingt dies in solchen Fällen nur mit Hilfe externer Beratung. Als Kita-Leiterin haben Sie die Aufgabe, es nicht so weit kommen zu lassen: sowohl die Aufgabenerfüllung auf möglichst gute Art als auch der Zusammenhalt der Gruppe müssen stimmen.

Damit ein Team gute Arbeit macht und gleichzeitig ein Ort der guten Beziehung zwischen seinen Mitgliedern ist, sollte die Teamleitung dafür sorgen, dass

- Zielsetzung und Aufgabenstellung für alle klar ist
- Entscheidungen ziel- und problemorientiert gefällt werden
- Entscheidungen effektiv und rechtzeitig umgesetzt werden
- Gruppenmitglieder aktionsfähig werden und bleiben
- Gruppenmitglieder in der Gruppe auch ihre persönlichen Ziele erreichen und wichtige individuelle Bedürfnisse befriedigen können

Die Verantwortung des Teams selbst zu stärken und eine von allen mitgetragene gemeinsame Aufgabenorientierung zu erreichen, ist keine leichte Aufgabe für die Leitung.

Zunächst muss sie erreichen, dass der Betrieb der Kita als gemeinsame Aufgabe gesehen wird, zu der jede ihren gleichermaßen unverzichtbaren eigenen Beitrag leisten muss. Niemand sollte sich zurücklehnen können mit der Gewissheit, dass die anderen, letztlich die Leitung sich um alles kümmern wird. Die Verantwortung jeder Einzelnen für das Ganze kann man dadurch stärken, dass die Aufgabe, die die Einzelne erfüllt, angemessene Anerkennung erfährt. Die Kita-Leitung sollte sich auch davor hüten, den Eindruck zu erwecken, dass nur ihre Ideen und ihre Arbeit den Betrieb am Laufen halten. Es genügt nicht, dass es eine augenscheinliche Tatsache ist, dass ohne die MitarbeiterInnen und ihren ganzen Einsatz die Kita nicht bestehen könnte. Die MitarbeiterInnen müssen auch das Gefühl vermittelt bekommen, dass es so ist. Ihre Ideen und Arbeitsweisen sollten wahrgenommen und, wenn sie tauglich sind, ein- und umgesetzt werden.

Das Bewusstsein einer gemeinsamen Aufgabe kann dazu führen, dass die Leitung nur wenig eingreifen muss, die Steuerung vielmehr über die klare Ziel- und Aufgabendefinition sowie gemeinsam erarbeitete Abläufe und Organisationsstrukturen erfolgt.

5.4 Loyalität und Vertrauen

In diesem Zusammenhang tauchen die Stichworte „Loyalität“ und „Vertrauen“ auf. Es bezieht sich sowohl auf das Verhalten der MitarbeiterInnen gegenüber der Führungskraft als auch umgekehrt.

Die Loyalität der MitarbeiterInnen ist für die Vorgesetzte eine wichtige Voraussetzung ihrer Arbeit als Führungskraft. Damit ist gemeint, dass sie darauf vertrauen können sollte, dass ihre MitarbeiterInnen ihr nicht in den Rücken fallen. Das heißt jedoch nicht, dass man nicht unterschiedlicher Meinung sein darf. Manchmal gibt es auch in den Kita-Teams auseinander gehende fachliche Meinungen und die Leitung muss letztlich die Richtung angeben, wenn sie die Argumente beider Seiten abgewogen hat. Wenn aber einmal die Entscheidung getroffen ist, muss die Vorgesetzte sich darauf verlassen können, dass sich alle daran orientieren. Es darf weder heimlich dagegen gearbeitet noch gegenüber Dritten wie Eltern oder Trägervertretern gegen die Entscheidung argumentiert werden. Wenn es sich in den Augen eines oder mehrerer Teammitglieder um eine schwerwiegende Fehlentscheidung handelt, sollten diese nicht untätig bleiben. Doch jede Aktion sollte zunächst im Rahmen der Einrichtung und (evtl.) ihres Trägers bleiben, offen durchgeführt und mit der Leitung zuerst kommuniziert sein.

> Sie können als Leiterin diese Loyalitätspflicht der MitarbeiterInnen durchaus einmal offen ansprechen und mit ihnen diskutieren. Sie sollte den MitarbeiterInnen bekannt sein, aber sie sollten auch die Wege der Entscheidungsfindung in der Einrichtung kennen und wissen, dass Entscheidungen auf der Basis sachlicher Argumente nach Abwägen aller Vor- und Nachteile zustande kommen und nicht auf der Grundlage persönlicher Vorlieben oder gar als Machtdemonstration der Führungskraft. Vor diesem Hintergrund erscheint die Loyalitätspflicht der MitarbeiterInnen als etwas Selbstverständliches.

Umgekehrt muss aber die Führungskraft auch ihren MitarbeiterInnen gegenüber loyal sein. Diese Loyalität zeigt sich insbesondere dann, wenn von außen Kritik an einzelnen MitarbeiterInnen geübt wird. Zwar darf die Kritik nicht rundheraus abgelehnt werden, das wäre eine falsch verstandene Loyalität. Es geht eher darum, dass die Leiterin nicht in die Kritik etwa von Eltern gleich einstimmt („Ja, ja, bei Frau Müller klappt das nie so richtig."), sondern der Mitarbeiterin eine Chance gibt, ihre Sicht der Dinge oder des Vorfalls vorzutragen, bevor man ein Urteil fällt. Den Eltern kann man freundlich sagen, dass man solche Kritik immer sehr ernst nimmt und deshalb mit der betroffenen Mitarbeiterin sprechen wird. Danach werde man wieder auf die Eltern zukommen. Die gleiche Fairness und Loyalität können die MitarbeiterInnen erwarten, wenn sie aus ihren eigenen Reihen bei der Leitung angeschwärzt werden. Die Führungskraft muss sich unbedingt zurückhalten, dann vorschnell ihre eigene Meinung zu sagen, und immer erst die betroffene Mitarbeiterin einbeziehen.

Die Loyalität der Kita-Leitung muss selbstverständlich auch ihrem Träger gegenüber gelten. Hier gilt das Gleiche wie für die MitarbeiterInnen ihr gegenüber. Sind einmal Entscheidungen getroffen, müssen diese nach außen und innen vertreten und mitgetragen werden. Die Probleme und Schwierigkeiten, die manche Entscheidungen mit sich bringen, dürfen nur im Innenverhältnis dem Träger gegenüber vorgetragen werden. Den MitarbeiterInnen gegenüber sind das nur Umsetzungsfragen, die gemeinsam gelöst werden müssen. Im Kita-Bereich mit den meist kleinen Trägern gibt es manchmal keine systematischen Wege der Entscheidungsfindung. Die Leitung hat nicht immer die Möglichkeit, ihre Meinung und Sachkenntnis in den Entscheidungsprozess einzubringen. Natürlich fällt es dann schwer, Entscheidungen nach außen gegenüber Dritten zu vertreten oder die MitarbeiterInnen zur Akzeptanz und Umsetzung zu bewegen. Dies ist trotzdem notwendig. Die Leitung hat in dieser Hinsicht Vorbildfunktion. Bringt sie die notwendige Loyalität gegenüber ihrem eigenen Träger nicht auf, wird sie es schwer haben, ihre MitarbeiterInnen von der Loyalitätspflicht ihr selbst gegenüber überzeugen zu können.

Obwohl es auf den ersten Blick vielleicht scheint, als handele es sich bei der Loyalität nur um einen Aspekt der persönlichen Beziehung zwischen Vorgesetzten und MitarbeiterInnen, geht es auch hier um den Betriebszweck der Kita, d. h. die Arbeit mit Kindern und Eltern. Beides ist wichtig. Ein Unternehmen, in denen MitarbeiterInnen und Vorgesetzte sich nicht gegenseitig unterstützen, kann keinen Erfolg haben.

Grundlage der Loyalität ist immer ein wechselseitiges Vertrauensverhältnis. Sie schenken als Führungskraft Ihren MitarbeiterInnen Vertrauen und erhalten es umgekehrt zurück – entsprechend ist es beim Träger. Vertrauen heißt auch Zutrauen. Sie können keine Aufgabe delegieren, geschweige denn auf das gemeinsame Tragen von Entscheidungen für die Kita bauen, wenn dieses Zutrauen nicht vorhanden ist. Dabei merken in der Regel nicht nur Sie, sondern auch Ihr Gegenüber schnell, ob gerade der Gedanke aufkommt, dass etwas „sowieso nicht klappt und katastrophal enden wird“, „jemand anders es besser kann und kompetenter ist“, die Vorgesetzten „nichts taugen“, man eine echte Chance bekommt, in die Kita völlig integriert ist oder es letztlich nur schlecht machen kann.

> Beachten Sie auch, dass nicht nur durch wörtliche Rede, sondern auch durch Ihre Körpersprache Botschaften übermittelt werden: Aufmunternde Blicke motivieren, kritisches Augenverdrehen und Brauenhochziehen können Rückzug bewirken. Schnelles, ungeduldiges Eingreifen in eigentlich delegierte Aufgaben oder fremde Arbeitsbereiche kann zu Konflikten, Passivität und Zurückhaltung bei anderen führen. Auf der anderen Seite kann allzu große Passivität bei MitarbeiterInnen Aktivität oder Enttäuschung hervorrufen.

Hier spielt letztlich die Kommunikation und transparente, umfassende Information in der Kita insgesamt eine genauso wichtige Rolle wie ein angemessenes, ehrliches Feedback in Einzel- oder Gruppengesprächen. Kontrolle ist dabei übrigens kein Hindernis, sondern Hilfe und Ordnung. Wenn man als Kita-Leitung individuelle und gemeinsame Zielvereinbarungen im Blick hat, Projekte anhand von Meilensteinen und Zielen verfolgt und bedarfsorientiert konstruktive Kritik, Hilfestellung oder Anerkennung gewährt, kann Vertrauen und persönliche Entwicklung sogar eher gefördert als gemindert werden. Trauen Sie sich.

6. Wie setze ich MitarbeiterInnen in der Kita ein?

Der Frage nach dem optimalen Einsatz von MitarbeiterInnen in der Kita liegt die nach der vorhanden Arbeitszeit und ihren Rahmenbedingungen zugrunde. Wie Arbeitszeit gestaltet werden kann, welche Arbeitszeitmodelle im Arbeitszeitgesetz geregelt sind, lässt sich immer noch am einfachsten aus dem Gesetz selbst entnehmen. Die Auseinandersetzung damit, die oftmals schwieriger eingeschätzt wird, als sie es ist, kann Ihnen hier nur empfohlen werden. Dem seien nachfolgend noch einige Anmerkungen hinzugefügt, die einen ersten Überblick geben sollen, bevor die Aufgabenzuweisung und Personaleinsatzplanung in der Kita ausführlich behandelt wird. Abschließend soll hier auch die Bedeutung der Arbeitsplatzgestaltung deutlich werden, die erhebliche Effekte auf das Arbeitsklima, die Organisationskultur und -entwicklung haben kann.

6.1 Arbeitszeitgestaltung

Das Arbeitszeitgesetz setzt in Deutschland die verbindlichen Rahmenbedingungen für die Arbeitszeiten der Arbeitnehmer und damit auch für die Arbeitszeit in der Kita. Es beruht auf einer Europäischen Richtlinie vom 23. November 1993 und löste die zuvor geltende Arbeitszeitverordnung ab. Ziel des Gesetzes ist nach § 1 ArbZG die Gewährleistung von Sicherheit und Gesundheitsschutz der Arbeitnehmer bei der Arbeitszeitgestaltung sowie die Verbesserung der Rahmenbedingungen für flexible Arbeitszeiten einschließlich des Schutzes von Sonntagen und staatlich anerkannten Feiertagen als Tagen der Arbeitsruhe. Grundsätzlich gilt das Gesetz für alle ArbeitnehmerInnen, doch sind einige Personengruppen und Branchen ebenso ausgenommen wie Beamte, Richter und Soldaten. Ein eigener Blick in den Gesetzestext kann sehr spannend sein.

Der durch das Gesetz vorgegebene Rahmen ist die Basis für Vereinbarungen zwischen den Tarifparteien, wie etwa Tarifverträge oder Betriebsvereinbarungen, und für Ausnahmegenehmigungen der zuständigen Behörde, die jeweils das Gesetz erweitern können. D. h. es ist zwischen gesetzlichen, tarifvertraglichen, dienstvertraglichen und einzelvertraglichen Ausgestaltungen der Arbeitszeit zu unterscheiden, in denen die Bedarfe, Rechte und Pflichten von Arbeitgeber und Arbeitnehmer geregelt sind. So gilt z. B. ab dem 1. Oktober 2005 für Kitas in öffentlicher Hand der Tarifvertrag für den öffentlichen Dienst (TVöD). Die Einrichtungen in konfessioneller und privater Trägerschaft haben jeweils eigene Regelungen, die auch geografisch variieren können, so dass hier nicht auf jede Einzellösung eingegangen werden kann.

Arbeitszeit ist demnach die Zeit vom Beginn bis zum Ende der Arbeit ohne die Ruhepausen. Die werktägliche Arbeitszeit einer Arbeitnehmerin darf nach § 3 ArbZG acht Stunden nicht überschreiten. Eine Verlängerung auf bis zu zehn Stunden ist nur zulässig, wenn innerhalb von sechs Kalendermonaten oder innerhalb von 24 Wochen im Durchschnitt acht Stunden werktäglich nicht überschritten werden. Dementsprechend muss bei Schichtarbeit auf einen Ausgleich innerhalb eines Monat oder innerhalb von vier Wochen geachtet werden.

Diese Ausführungen zeigen schon die Veränderungen in den letzten Jahren. Um den wachsenden Anforderungen nach mehr Flexibilität gerecht zu werden, die Interessen der MitarbeiterInnen zu berücksichtigen, aber auch die Ziele der Organisationen im Wettbewerb zu unterstützen, hat sich die Arbeitszeitgestaltung zunehmend verändert. Neue Arbeitszeitmodelle sind entstanden, die die Gestaltung der täglichen, wöchentlichen und jährlichen Arbeitszeit oder auch der Lebensarbeitszeit (gleitender Ruhestand) flexibilisieren sowie Teilzeit (Job Sharing) ermöglichen. Die Arbeitszeit kann darüber hinaus individuell oder gruppenbezogen festgelegt werden. Den Spielraum können einige Beispiele aufzeigen.

- Gleitzeit: Die gleitende Arbeitszeit wird in eine Kernzeit mit Anwesenheitspflicht und eine Gleitzeit aufgeteilt, bei der jede Mitarbeiterin den Beginn und das Ende ihrer täglichen Arbeitszeit selbst bestimmen kann. Die wöchentliche Arbeitszeit muss eingehalten werden.

- Vertrauensarbeitszeit: Durch die Projektbezogenheit der Arbeit ist die tatsächlich geleistete Arbeitszeit unerheblich, solange das Projekt innerhalb des gegebenen Rahmens durchgeführt wird. Die Arbeitnehmerin teilt sich eigenverantwortlich ihre Zeit ein.
- Jahresarbeitszeit: In Organisationen mit deutlich schwankendem Arbeitsanfall wird – z. B. über ein Jahr hinweg – die erlaubte wöchentliche Arbeitszeit eingehalten, in einzelnen Wochen aber, orientiert an den Bedarfen der Organisation, mehr und weniger gearbeitet. Ein Anspruch auf die Bezahlung von Überstunden resultiert aus der Mehrarbeit nicht. Statt eines Jahres kann auch ein anderer Zeitraum vereinbart werden.
- Schichtarbeit: Nach festgelegten Schichtplänen wechseln sich Arbeitnehmer an einem Arbeitsplatz ab. Dieses Arbeitszeitmodell gilt meist in Organisationen, in denen rund um die Uhr gearbeitet wird.

Grundlage solcher „unregelmäßiger“, flexibilisierter Arbeitszeitmodelle ist oft ein Arbeitszeitkonto, das schriftlich oder elektronisch die tatsächlich geleistete Arbeitszeit, Urlaub, Krankheit und ggf. Überstunden etc. der Mitarbeiterin festhält und hinsichtlich der vertraglichen und rechtlichen Vorgaben überprüft. Wer mehr arbeitet, als man laut Arbeitsvertrag muss, hat ein Guthaben auf seinem Konto, wer weniger arbeitet, ein Defizit. So kann bei stärkeren Schwankungen im Arbeitsaufkommen auch über längere Zeiträume die Arbeitszeit leicht kontrolliert werden.

Die Freiheiten und Selbstbestimmungsrechte in der Gestaltung haben für Personalmanager und MitarbeiterInnen also deutlich zugenommen. Freizeitplanung, Überstunden und Entlohnung müssen jedoch immer noch koordiniert werden. Die Vereinbarkeit von Familie und Beruf ist einerseits bei den Eltern der Kindergartenkinder und damit den Kunden immer wichtiger geworden, andererseits aber auch bei den MitarbeiterInnen der Kita. Der Umgang mit Überstunden wegen Vertretungsnotwendigkeiten und Mehraufwand bei begrenzten personellen Kapazitäten wird zunehmend zum Problem. Die wachsende Zahl an Teilzeit-Kräften verstärkt die für die Personalplanung manchmal kaum lösbare Aufgabe der Einsatzplangestaltung. Die pädagogische Arbeit und die Betriebsorganisation können durch die große Flexibilität und Diskontinuität gefährdet werden, Flexibilität ist andererseits die Voraussetzung und Chance für die Weiterentwicklung einer Kita. Welches Arbeitszeitmodell auch gewählt wird: es kann innerhalb der rechtlichen Grenzen immer wieder überarbeitet und verändert werden. Für die Kita-Leitung, die den Überblick behalten und allen Ansprüchen gerecht werden soll, ist die Dienstplanung jedoch keine leichte Aufgabe.

Welches Modell für Ihre Kita am besten geeignet ist, hängt nicht nur von den Vorgaben des Trägers, den tarifvertraglichen und gesetzlichen Rahmenbedingungen ab, sondern auch von den einzelnen MitarbeiterInnen in Ihrer Kita und dem Bedarf an Kinderbetreuung im Umfeld der Einrichtung.

Bevor Sie sich als Kita-Leiterin im Rahmen Ihrer Befugnisse und in Rücksprache mit dem Träger für neue Öffnungszeiten oder ein neues Arbeitszeitmodell entscheiden, sollten Sie sämtliche vorgenannten Bedürfnisse von (potenziellen) Eltern und Kindern, MitarbeiterInnen und Träger in Gesprächen oder auch kleinen Umfragen genau erfassen, einschließlich der Entwicklungen der jüngsten Zeit und aktueller Tendenzen und Nachfragen. Nur dann können Sie sich den nötigen Überblick verschaffen, den Sie zur Berücksichtigung aller Interessen bei der Arbeitszeitgestaltung brauchen. Denken Sie jedoch daran, dass es wahrscheinlich nie die Lösung gibt, die allen passt, denn z. B. finanzielle Ressourcen können Ihren Spielraum rasch einschränken. Versuchen sollten Sie es jedoch trotzdem.

6.2 Aufgabenzuweisung

In der Fachliteratur werden zwei Arten unterschieden, wie man Aufgaben zuweisen kann und die Personalstellen für eine Arbeit aufteilt: die Mengen- und Artenteilung.

Die Stellenspezialisierung kann im Wege der Mengenteilung erfolgen, d. h. alle führen die gleichen Tätigkeiten aus, und zwar jeder die Menge, die in seine Arbeitszeit passt. Im Folgenden wird diese Art des Personaleinsatzes als „zeitbezogener Personaleinsatz“ bezeichnet. Werden die Stellen im Wege der so genannten Artenteilung spezialisiert, bekommen die MitarbeiterInnen jeweils unterschiedliche Arten von Aufgaben zugewiesen. Eine starke Stellenspezialisierung nach Art der Aufgabe führt zu den so genannten Funktionsstellen, denen bestimmte Aufgaben zugewiesen sind. Das Zusammenspiel der unterschiedlichen Funktionsstellen sorgt dafür, dass alle Aufgaben, die in einem Unternehmen anfallen, erledigt werden. Im Folgenden wird diese Art des Personaleinsatzes als „aufgabenbezogener Personaleinsatz“ bezeichnet.

Die Stellenspezialisierung hat den Vorteil, dass MitarbeiterInnen nur für die wenigen, ihren Stellen zugewiesenen Aufgaben qualifiziert und eingearbeitet werden müssen. Das bedeutet, dass die Vor- und Einarbeitungszeiten kürzer werden und die MitarbeiterInnen für das Unternehmen schneller voll einsetzbar sind. Sie werden bald gute SpezialistInnen für ihren Bereich. Die Nachteile einer starken Stellenspezialisierung liegen darin, dass die MitarbeiterInnen selbst nicht mehr so flexibel überall einsetzbar sind, ihre Arbeit als eintöniger empfinden können und meist eine Einschränkung ihrer sozialen Kommunikations- und Interaktionsmöglichkeiten erfahren.

Aufgabenbezogener Personaleinsatz

In Kitas als kleinen Betriebseinheiten machen starke Spezialisierungen keinen großen Sinn. Rollierende Dienste zur Abdeckung von möglichst viel Betreuungszeit machen es außerdem erforderlich, dass die MitarbeiterInnen sehr vielseitig einsetzbar sind. Trotzdem haben sich im Laufe der Zeit einige Funktionsstellen beim pädagogischen Personal der Kita herausgebildet, die sich auch in den Tarifwerken wiederfinden.

Unbestritten ist die Funktion und die Spezialisierung der Aufgaben der **Einrichtungsleitung**. Sie vertritt den Träger gegenüber den Eltern und den MitarbeiterInnen, sie trifft alle Entscheidungen, die den laufenden Betrieb betreffen und nicht in die Entscheidungskompetenz ihrer MitarbeiterInnen fallen. Sie sorgt dafür, dass die Arbeit durch ein Leitbild und Zielvereinbarungen gesteuert wird. Sie informiert den Träger über Entscheidungsbedarf von seiner Seite und macht ihm Vorschläge für seine Entscheidungen. Sie ist Ansprechpartnerin für alle Außenstehenden, insbesondere die Eltern, aber auch für die öffentlich Verantwortlichen wie Jugendämter, die Aufsichtsbehörden, Beratungsdienste usw. Sie ist verantwortlich dafür, dass der Betrieb funktioniert, dass die Abläufe geklärt und bekannt sind. Sie ist für den gesamten Bereich des Personalmanagements zuständig. Außerdem muss sie sich meist um viele mit der Einrichtung zusammenhängende Verwaltungsarbeiten kümmern.

In den Tarifwerken wird zusätzlich die Funktion der ständigen stellvertretenden Leitung ausgewiesen. In vielen Einrichtungen wurden GruppenleiterInnen zu stellvertretenden Leitung gemacht, als zum ersten Mal eine solche Eingruppierung im BAT auftauchte. Vielfach wurde damit lediglich die reine Abwesenheitsvertretung abgedeckt. Eine solche allein würde aber die höhere Bezahlung nicht rechtfertigen. Allein aus Gründen der Gerechtigkeit gegenüber den übrigen GruppenleiterInnen sollten der stellvertretenden Leitung zusätzliche Aufgaben aus dem Katalog der Leitungstätigkeiten zugewiesen werden. Wie eine solche Zuweisung zeitlich und aufgabenbezogen aussehen kann, zeigt das Beispiel.

Auszug aus der allgemeinen Dienstanweisung für pädagogische MitarbeiterInnen in den katholischen Kindertageseinrichtungen des Bistums Trier

„2. Aufgaben der ständigen Vertreterin der Leiterin (stellvertretende Leiterin)

2.1 Aus den folgenden drei Bereichen können einer stellvertretenden Leiterin nach Maßgabe der Nummer 2.2 Aufgaben zur eigenverantwortlichen Wahrnehmung übertragen werden. (Die Zahlen in Klammern stellen eine Bewertung der durchschnittlichen zeitlichen Belastung auf einer Skala von 1 [sehr geringe zeitliche Belastung] bis 6 [sehr große zeitliche Belastung] dar).

Beispiele

- Führen des Inventarverzeichnisses (2)
- Melden von Schäden und Mängeln an Inventar, Gebäude, Spielplatz, Grundstück (3)
- Verantwortung für Instandhaltung und Ergänzung des Mobiliars, des Arbeits- und Spielmaterials im Rahmen der zur Verfügung stehenden Haushaltsmittel (4)
- Organisation von Festen und Basaren (2)

... 2.2.1 Der stellvertretenden Leiterin sollen Aufgaben aus allen drei Bereichen übertragen werden, deren zeitlicher Belastungswert zusammen 25 bis 30 Punkte der Bewertungsskala ergibt. ...“

In den Tarifwerken wird die Funktion der **Gruppenleiterin** unterschieden. Ihre Aufgaben unterscheiden sich von den übrigen MitarbeiterInnen insbesondere dadurch, dass sie die Verantwortung für eine bestimmte Gruppe von Kindern hat. Sie muss sich über alle diese Kinder betreffenden Belange informiert halten, sie ist dafür verantwortlich, dass diese das für sie angemessene Betreuungs- und Förderangebot erhalten. Dabei sollte sie den MitarbeiterInnen in der Gruppe, den so genannten Zweitkräften gegenüber weisungsbefugt sein. In Kitas, die sich am Konzept der so genannten offenen Arbeit orientieren, ist die Funktion der Gruppenleitung meist kaum noch von der der übrigen pädagogischen MitarbeiterInnen zu unterscheiden. Die etwas höhere Entlohnung für die Eingruppierung als Gruppenleiterin ist dann allerdings kaum zu rechtfertigen.

Für die Funktion der **Mitarbeiterin in der Gruppe** hängt die Bezahlung bei den Tarifwerken des öffentlichen Dienstes von der formalen Qualifikation ab. In den meisten Bundesländern gibt es für diese Funktion keine oder sehr niedrige Auflagen hinsichtlich der Qualifikation der MitarbeiterInnen. In vielen Kitas erfüllen sie ähnliche Aufgaben wie die GruppenleiterInnen. Eine unterschiedliche Bezahlung rechtfertigt eine andere Aufgabenzuweisung. Der Verantwortungsbereich muss kleiner sein als der einer Gruppenleiterin. Die Mitarbeiterin in der Gruppe unterstützt die Gruppenleiterin z. B. durch Arbeit mit Kleingruppen und einzelnen Kindern, durch Mitwirkung an der Planung der pädagogischen Arbeit in der Gruppe und durch Übernahme organisatorischer Arbeiten. Sie vertritt die Gruppenleiterin bei Abwesenheit.

In manchen Kitas gibt es zusätzliche Funktionsstellen für die Förderung von Kindern aus anderen Kulturkreisen. Auch für die besonderen Angebote für Kinder mit Behinderungen gibt es je nach Einrichtungskonzeption teilweise zusätzliches Personal.

Neben der Stellenspezifikation durch Funktionsstellen, die das äußere Gerüst für den Alltagsbetrieb der Kita bieten kann, können Aufgaben, orientiert an spezifischen persönlichen und erworbenen Kenntnissen und Kompetenzen, zugewiesen werden. Auch persönliche Vorlieben dürfen eine Rolle spielen, denn was gern gemacht wird, wird meist gut gemacht.

Die Zuweisung von Aufgaben soll auch zur Zufriedenheit und Motivation der MitarbeiterInnen beitragen. Dies ist in hohem Maße der Fall, wenn die zugewiesene Aufgabe folgende Merkmale erfüllt:

- Anforderungsvielfalt: keine Monotonie
- Ganzheitlichkeit der Aufgabe: Es sollte sich um einen kompletten Vorgang von Anfang bis Ende handeln und nicht nur um Zuarbeit.
- Bedeutsamkeit der Aufgabe: Die Wichtigkeit der Aufgabe für das Unternehmen muss transparent sein.

- Autonomie: Es muss eigene Entscheidungsspielräume für die Aufgabenerfüllung geben.
- Rückmeldung aus der Aufgabenerfüllung: Die Mitarbeiterin braucht Rückmeldungen zu den Resultaten ihrer Aufgabenerfüllung.

Es hat sich herausgestellt, dass die durch diese Merkmale erlebte Bedeutsamkeit der eigenen Arbeit und die stark empfundene Verantwortung für die Ergebnisse zu einer hohen Motivation, hohen Arbeitszufriedenheit, sehr guten Qualität der Arbeitsleistung und niedrigen Abwesenheit und Fluktuation führt.

Um den Handlungs- und Entscheidungsspielraum für MitarbeiterInnen zu erweitern, so dass ihre Aufgaben möglichst alle die oben genannten Merkmale erfüllen, bieten sich folgende Instrumente an:

- Job Rotation: Bei der Job Rotation geht es üblicherweise um einen Arbeitsplatzringtausch, um Monotonie zu vermeiden oder um besonders attraktive oder besonders unbeliebte Dienste gleichmäßig auf alle zu verteilen.
- Job Enlargement: Das Job Enlargement ist durch eine horizontale Aufgabenerweiterung gekennzeichnet. Das heißt, die Aufgaben werden neu zusammengestellt und so zugewiesen, dass sich für die einzelne Mitarbeiterin eine neue interessante Kombination ergibt.
- Job Enrichment: Beim Job Enrichment geht es um vertikale Aufgabenbereicherung, d. h. qualitativ höherwertige Tätigkeiten, die üblicherweise von Personen einer anderen Hierarchiestufe wahrnehmen, werden zugewiesen.

Diese Instrumente, die dazu dienen, mit der Aufgabenzuweisung zur Arbeitszufriedenheit der MitarbeiterInnen beizutragen, können auch in der Kita zum Einsatz kommen.

Job Rotation

Auch in der Kita gibt es besonders beliebte oder besonders unbeliebte Dienste, die abwechselnd zugewiesen werden können.

In einer Kita sind alle MitarbeiterInnen sehr daran interessiert, an der Gestaltung eines Bereichs im Eingang mitzuwirken, der die Eltern und andere Gäste darüber informiert, welches Thema gerade bearbeitet wird. Der Bereich wird zusammen mit einer Kindergruppe nicht nur durch Texte, sondern vornehmlich über ausgestellte Objekte, Bilder und Gesamtarrangements oft geradezu als Kunstwerk gestaltet und ist ein Aushängeschild der Kita. Um nicht zu viele Künstler gleichzeitig ans Werk zu lassen, wird diese attraktive Aufgabe abwechselnd zwei MitarbeiterInnen zugeteilt, die sich die beteiligten Kinder nach einem bestimmten System dazu holen; das garantiert, dass auch jedes Kind einmal an die Reihe kommt.

Aber auch für unbeliebte Dienste gibt es Beispiele. Die Protokollführung bei den wöchentlichen Dienstbesprechungen gelingt besser, wenn die Aufgabe reihum übernommen wird. Die Job Rotation hat aber ihre Grenzen:

Bei für die Einrichtung wichtigen Aufgaben kommt es darauf an, dass sie bestmöglich erfüllt werden. So ist die Abrechnung der Handkasse, die in vielen Kitas über Essensgeld, Beiträge für Ausflüge, manchmal sogar über die regulären Elternbeiträge geführt werden muss, etwas, das korrekt und gut gemacht werden sollte. Nicht jede Mitarbeiterin hat die entsprechenden Fähigkeiten und Kenntnisse.

Job Enlargement und Job Enrichment

In einer Kita, die kaum über hierarchische Stufen verfügt, sind vertikale und horizontale Aufgabenerweiterung schwer voneinander zu unterscheiden. Aber auch dieses Instrument des erweiterten Handlungs- und Entscheidungsspielraums für einzelne MitarbeiterInnen ist in der Kita einsetzbar.

In einer Kita gibt es alle zwei Monate eine Information für die Eltern. Bisher haben alle daran mitgewirkt. Das Ergebnis ist deshalb vom Layout her nicht sonderlich vorzeigbar. Die einzelnen MitarbeiterInnen gestalten ihre Textteile autonom, was zu einer Vielzahl von Schriftarten, Schriftgrößen und Absatzformatierungen führt. Einer Mitarbeiterin fällt das auf und sie macht den Vorschlag, die Gesamtgestaltung zu übernehmen. Sie kennt sich mit dem PC und seinen Gestaltungsmöglichkeiten gut aus und hat Spaß am Herumspielen mit den verschiedenen Elementen. Die Leitung und die KollegInnen finden die Idee gut und unterstützen sie. Die Mitarbeiterin bekommt die notwendige Zeit für diese Arbeit eingeräumt. Bereits das Ergebnis des ersten Versuchs kann sich sehen lassen, mit der Zeit sieht die Kita-Information für die Eltern richtig professionell aus.

Projektarbeit

Eine besondere Form der Aufgabenerweiterung ist die Projektarbeit. Sie kann sich dabei auf eine Person oder eine Gruppe von MitarbeiterInnen richten. In Kitas beteiligt sich häufig das ganze Team an einem Projekt. In jedem Fall haben Projekte den Effekt der Erweiterung der Handlungs- und Entscheidungsspielräume für die MitarbeiterInnen. Dies natürlich um so mehr, als die Verantwortung für Durchführung und Erfolg auf einen oder mehrere MitarbeiterInnen ganz übertragen wird. Ein Beispiel für ein Projekt für eine einzelne Mitarbeiterin soll das illustrieren.

In einer Kita ist geplant, das Würzburger Programm zur Verbesserung der phonetischen Bewusstheit mit den zukünftigen Schulkindern durchzuführen, zunächst probeweise für ein Jahr. Die Entscheidung ist nicht leicht gefallen, weil die Durchführung des Programms den Alltag der Gruppen stark bestimmen wird. Schließlich hat man sich aber doch zu einem Probedurchlauf entschlossen. Da eine der MitarbeiterInnen eine spezifische Qualifikation zum Programm erworben und sich für die Durchführung eines Tests eingesetzt hat, überträgt die Leiterin ihr die Verantwortung dafür als ein Jahresprojekt. Sie ist damit verantwortlich für die Planung und Organisation des Ganzen (Beschaffung des Materials, Eruierung der Zahl der teilnehmenden Kinder, Gruppeneinteilung, Zeitplanung) und sorgt für die Information der Eltern. Ebenso weist sie die beteiligten KollegInnen in das Programm und seine Nutzung ein, berät sich mit den Gruppenleiterinnen über die besten Durchführungszeiten und versucht, die Zeitplanung darauf abzustellen. Abschließend befragt sie KollegInnen und Eltern, um zu einer Bewertung des Testlaufs zu kommen.

Dieses Projekt weist alle Merkmale einer motivierenden und die Arbeitszufriedenheit steigernden Aufgabenzuweisung auf: Anforderungsvielfalt, Ganzheitlichkeit, Bedeutsamkeit, Autonomie.

Dass ein Projekt von einer Gruppe von MitarbeiterInnen in der Kita durchgeführt wird, ist recht häufig. Dabei ist darauf zu achten, dass das Projekt nicht nur Zuarbeit für die KollegInnen ist, sondern durch eine besondere Anerkennung oder das Öffentlichmachen der Ergebnisse die Motivation und Arbeitszufriedenheit steigert.

Die Kunst der Aufgabenzuweisung lässt sich folgendermaßen zusammenfassen. Sie ist erfolgreich, wenn

- die MitarbeiterInnen klar und unmissverständlich wissen, was ihre Aufgaben sind, so dass der Alltagsbetrieb laufen kann.
- sie bereit und in der Lage sind, für KollegInnen einzuspringen.
- die Arbeit nicht immer dieselbe, sondern abwechslungsreich ist.
- die privaten und beruflich erworbenen Fähigkeiten und Kenntnisse der MitarbeiterInnen berücksichtigt werden.
- es gelingt, die Interessen und Vorlieben von MitarbeiterInnen einzubeziehen.
- immer wieder eigenständig zu erfüllende ganzheitliche Aufgaben mit hoher Anforderungsvielfalt an gute MitarbeiterInnen übertragen werden können.

Stellen- oder Aufgabenbeschreibungen

Bei den in vielen Kitas der Zeit durchgeführten Qualitätsmanagementprozessen ist eine der ersten Forderungen die nach Stellenbeschreibungen für das Personal. Damit wird auf das erste Kriterium für eine erfolgreiche Aufgabenzuweisung Bezug genommen, nämlich dass jede Mitarbeiterin ihre Aufgaben klar kennen muss. Tatsächlich ist dies die Grundlage für einen reibungslosen Alltagsbetrieb, der die anzustrebenden Aufgabenerweiterungen und notwendige Flexibilität erst möglich macht. In vielen Kitas ist diese Klarheit nicht zu finden. Irgendwie macht hier jeder alles. Das führt dazu, dass manches doppelt oder immer wieder neu gemacht wird, dass es kaum ExpertInnen für bestimmte Aufgaben gibt, die wegen größerer Erfahrung und Beschäftigung mit einer Aufgabe diese in kürzerer Zeit und besser erledigen könnten. Voraussetzung für eine gut organisierte Aufgabenzuweisung ist es daher, für eine klare Zuweisung und standardisierte Abwicklung der immer wiederkehrenden Alltagsaufgaben zu sorgen. Festgeschriebene Stellenbeschreibungen bergen allerdings die Gefahr, dass MitarbeiterInnen sich auf die dort beschriebenen Aufgaben zurückziehen und nicht mehr flexibel genug sind, Aufgaben für KollegInnen vertretungsweise oder neu zu übernehmen. Ein Mittelweg sind Aufgabenbeschreibungen für die Funktionsstellen, die nicht auf eine Stelle und damit auf eine Mitarbeiterin bezogen sind, sondern für die Funktion, z. B. die der Gruppenleiterin. Aufgabenbeschreibungen lassen genug Raum für die Zuordnung weiterer Aufgaben und machen klar, dass eine einzelne Person sich nicht unbedingt in diesem Aufgabenspektrum allein bewegen muss.

Insgesamt sollte es gelingen, die Aufgabenzuweisung so zu gestalten, dass auf dem Gerüst der Funktionsstellen ein Team zusammengestellt wird, in dem die besonderen Fähigkeiten durch fest oder zeitweise zugewiesene Aufgaben gewürdigt werden. Dadurch entstehen „Bunte Teams“, in denen es „ExpertInnen“ für bestimmte immer wieder kehrende Themen gibt (z. B. für Bewegungserziehung, Sprachförderung, Öffentlichkeitsarbeit). In flexiblen bunten Teams sind auch Experten von außerhalb, die für eine Zeit besondere Aufgaben übernehmen, willkommen. Das können Honorarkräfte, 1-€-Job-MitarbeiterInnen oder ehrenamtlich Tätige, wie etwa Eltern, Förderkreismitglieder sein. Wenn sie mit einer besonderen Kompetenz zum Erfolg des Unternehmens Kita beitragen können, werden sie das Stammpersonal entlasten. Vermieden werden sollte Starrheit, die z. B. auf minutiösen Stellenbeschreibungen beruht, die Aufgaben der

Funktionsstellen als Dogma sieht, als formale Qualifikation zur Mitarbeit in einer Kita nur die Ausbildung zur Erzieherin akzeptiert. Damit beraubt die Kita sich einer Reihe bereichernder Möglichkeiten der internen Aufgabenaufteilung und der Gewinnung von Expertise von außen.

6.3 Personaleinsatzplanung

Jede Kita muss neben den in den Beispielen beschriebenen, meist attraktiven (Zusatz)Aufgaben ihren Alltag bewältigen. Damit ist hier insbesondere gemeint, dass täglich 25 bis 150 Kinder erscheinen, um die man sich über einen großen Teil des Tages kümmern muss. Dieses Kümmern umfasst nicht nur die gemeinsame Bildungsarbeit, sondern auch die Sorge um das körperliche Wohlergehen und die Aufsicht, damit keinem Kind etwas passiert.

Um all das bewältigen zu können, sind teilweise sehr komplexe Arbeitseinsatzpläne notwendig. Sie werden üblicherweise von der Leitung gemacht. Durch sie muss garantiert werden, dass immer genügend Personal vorhanden ist, um Bildungs- und Erziehungsarbeit und die Betreuung und Aufsicht zu gewährleisten. Außerdem muss Zeit zur Verfügung stehen, in der die pädagogischen MitarbeiterInnen ihre Bildungs- und Erziehungsarbeit planen und vorbereiten können, in der mit Eltern gesprochen werden kann, in der der Kontakt mit den Behörden gehalten wird usw. Gewisse Anhaltspunkte für diesen Personalbedarf wurden bereits dargestellt. Der angemessene, den ordentlichen Betrieb garantierende Personaleinsatz baut auf der Personalbedarfsplanung auf, ist aber eine Kunst für sich.

Ein einfacher Personaleinsatzplan für eine Woche zur Abdeckung der Betreuungszeit der Kinder mit Berücksichtigung der Verfügungszeit für das pädagogische Personal kann etwa so aussehen:

Auszug aus den Empfehlungen zur Dienstplangestaltung (Arbeitsgemeinschaft der Caritasverbände Rheinland-Pfalz (Hg.) 1995)

Formblatt 1

Beispiel arabische Zahlen = VZ-Dienste

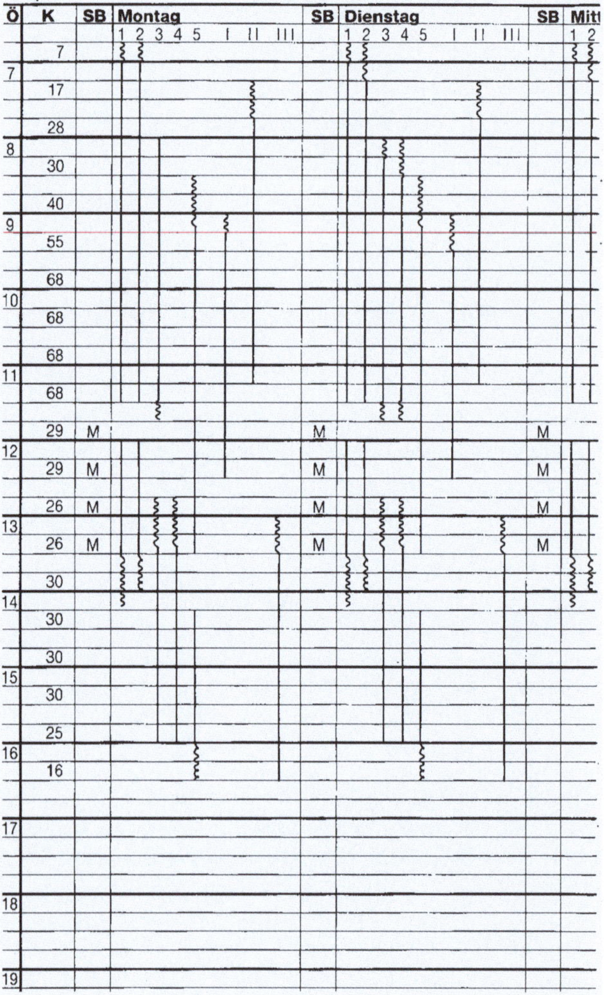

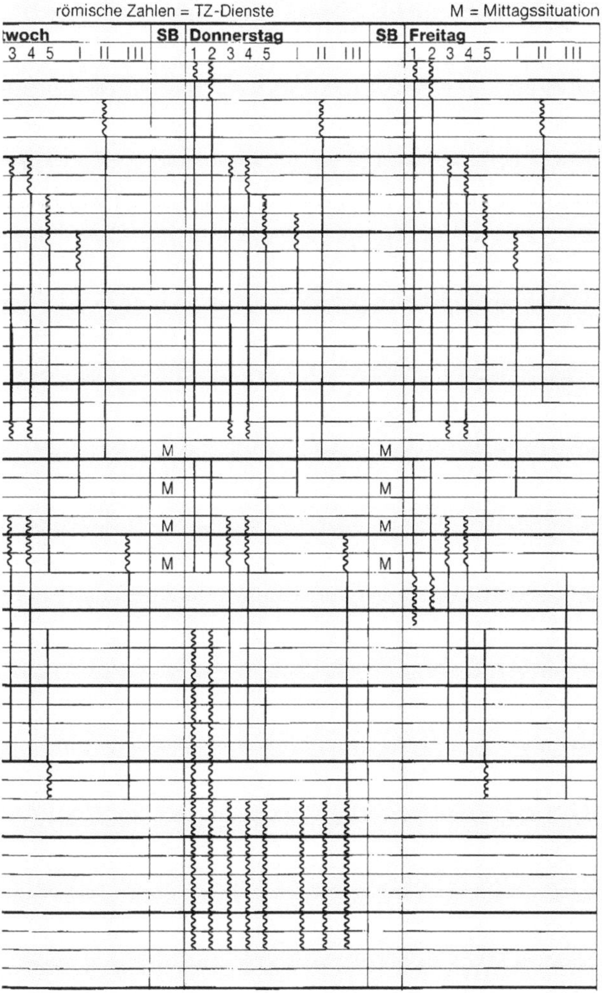

Legende: Ö = Uhrzeit, K = Kinderzahl, SB = Sonderbedingungen, Gerade vertikale Linien = Betreuungszeit, Geschlängelte vertikale Linien = Verfügungszeit, Donnerstag von 16.30 Uhr bis 18.30 Uhr = Dienstbesprechung

Dieser Plan ist deshalb eher einfach, weil alle Teilzeitkräfte mit dem gleichen Stundenumfang beschäftigt sind und außer der Mittagssituation keine besonderen Bedingungen berücksichtigt wurden. Trotzdem reißt auch hier eine zeitweise Vakanz durch Krankheit, Urlaub oder Fortbildungsfreistellung schon eine empfindliche Lücke.

Selbst in kleineren Einrichtungen mit einem Betreuungsangebot ohne Mittagessen ist die Erstellung eines Dienstplans nicht mehr einfach, wie folgendes Beispiel zeigt:

Dienstplanberatung einer Fachberaterin

Ausgangspunkte für die Planung

- Öffnungszeiten der Kita: a) 7.30–14.00 Uhr, b) 7.30–13.00 Uhr, 14.00–16.30 Uhr
- Kernzeit: 8.30 Uhr–12.00 Uhr
- Busdienste
- Geschätzte Auslastungen: 12.00–13.00 Uhr ca. 16 Kinder, 13.00–14.00 Uhr ca. 10 Kinder
- Teamzeiten: pro Woche 1 Stunde Gruppenteam, 1 Stunde Gesamtteam nach 16.30 Uhr
- Personal: 2 Gruppenleiterinnen Vollzeit, davon 1 mit der Leitung beauftragt, 1 Gruppenleiterin Teilzeit, 29 Stunden
- 1 Mitarbeiterin Vollzeit
- 1 Mitarbeiterin Teilzeit 33 Stunden
- 1 Mitarbeiterin Teilzeit 25 Stunden
- Einsatz: Frühdienst 7.30–8.00 Uhr, 2 Kräfte, Vollzeit, davon 1 Betreuungszeit (BZ) und eine Verfügungszeit (VZ); 8.00–8.30 Uhr 2 Kräfte BZ, weitere Kräfte mit VZ ab 8.00/8.15 Uhr, ab 8.30 Uhr alle Gruppen geöffnet und mit je 2 Kräften in BZ besetzt, 12.00–14.00 Uhr 2 Kräfte in BZ, 14.00–16.30 Uhr 3 Kräfte in BZ, Spätdienst ist kontinuierlich mit 2 festen Kräften besetzt. Nachmittags sind nur 2 Gruppen geöffnet,

davon möglichst nicht die Gruppe der Leiterin wegen ihrer VZ für Leitungsaufgaben, die Kinder werden entsprechend aufgeteilt

Dienste

- Frühdienst: 2 Vollzeitkräfte
  a) 7.30–12.00 BZ, 13.30–14.00 VZ, 14.00–16.30 BZ = 7,5 Stunden x 5 Tage plus 2 Stunden Team = 39,5 Stunden. Der Überhang von 1 Stunde pro Woche wird ausgeglichen durch 1 x Dienstende um 15.30 Uhr
  b) 7.30–8.00 VZ, 8.00–12.00 BZ, 13.30–14.00 VZ, 14.00–16.30 BZ; gleiche Stundenzahl wie a, gleicher Ausgleich
- Spätdienst: 1 Vollzeitkraft (a) und eine Mitarbeiterin mit 33 Stunden (b)
  a) 8.15–8.30 VZ, 8.30–14.00 BZ, 15.00–16.30 BZ = 36,25 Stunden plus 2 Stunden Team = 38,25 Stunden; die fehlende Viertelstunde kann nachgearbeitet werden durch z. B. Dienstbeginn 1 x um 14.45 Uhr
  b) 8.30–14.00 Uhr BZ = 27,5 Stunden plus 2 Stunden Team = 29,5 Stunden plus an 2 Nachmittagen von 15.00–16.30 Uhr = 3 Stunden = insgesamt 32,5 Stunden; die fehlenden halben Stunden pro Woche werden nachgearbeitet durch z. B. 1 x Dienstbeginn 8.00 Uhr oder 1 x 14.30 Uhr
- Dienst Teilzeitgruppenleiterin mit 29 Stunden:
  8.00–8.30 Uhr VZ, 8.30–12.00 VZ = 21,25 Stunden plus 2 Stunden Team = 23,25 Stunden plus 2 Nachmittage 14.00–16.30 BZ = 5 Stunden = insgesamt 28,25 Stunden; die fehlende Dreiviertelstunde pro Woche kann nachgearbeitet werden durch z. B. 3 x Dienst bis 12.30 Uhr.
- Dienst Teilzeitkraft mit 25 Stunden:
  8.15–8.30 Uhr VZ, 8.30–12.00 BZ, 12.00–12,15 VZ = 20 Stunden plus 2 Stunden Team = 22 Stunden, plus 1 Nachmittag 13.30–14.00 VZ, 14.00–16.30 BZ = 3 Stunden = insgesamt 25 Stunden

Die Nachmittage können auch je nach Auslastung und Bedarf abwechselnd zur Verfügungszeit genutzt werden, insbesondere sollten der Leiterin 2–3 Nachmittage zur Verfügung stehen.
Die Teilzeitkräfte werden insbesondere an den Nachmittagen eingesetzt, an denen der Frühdienst seine Überstunde ausgleicht.

Eine kurze Zusammenfassung aller zu berücksichtigenden Kriterien bieten die bereits zitierten Empfehlungen zur Dienstplangestaltung der Arbeitsgemeinschaft der Caritasverbände Rheinland-Pfalz. Da konkrete Empfehlungen nicht ohne gewisse Anhaltszahlen auskommen, können sie nicht in allen Bundesländern eins zu eins übertragen werden. Es kann sein, dass die gesetzlichen Regelungen für die Personalbemessung oder Finanzierung in einem Bundesland eine großzügigere Regelung erlaubt oder dass man die Anhaltszahlen z. B. zum Anteil an Verfügungszeit kürzen muss.

Auszug aus „**Empfehlungen zur Dienstplan-Gestaltung**" Arbeitsgemeinschaft der Caritasverbände Rheinland-Pfalz (HG.) 1995

„... Folgende Kriterien sind bei der Gestaltung des Dienstplans zu beachten:

- der genehmigte Stellenplan bzw. das vorhandene Personal
- die regelmäßige Arbeitszeit der einzelnen Mitarbeiterinnen
- die Öffnungszeiten der Einrichtung
- die Anzahl der anwesenden Kinder zu verschiedenen Zeiten
- die speziellen Bedingungen der Einrichtung
- die Interessen der Mitarbeiterinnen unter Berücksichtigung der pädagogischen und organisatorischen Erfordernisse.

3.1 Arbeitszeit

Die Arbeitszeit ist grundsätzlich in der Einrichtung abzuleisten. Zur Arbeitszeit insgesamt gehört die Betreuungszeit (BZ), also die Arbeit direkt mit den Kindern, sowie die Verfügungszeit (VZ).

... Die Erfahrung zeigt, dass durch die Einplanung von ausreichender VZ Mehrarbeit (Überstunden) vermieden werden kann. ... Zu berücksichtigen ist auch der besondere Bedarf an VZ für Leitungsaufgaben.
... Die wöchentliche Arbeitszeit kann so im Dienstplan eingeplant werden, dass sie entweder in der jeweiligen Woche oder über mehrere (in der Regel bis zu 8) Wochen zusammengezählt im Durchschnitt die genaue Wochenarbeitszeit ergibt.
... Für die Tätigkeiten, die außerhalb der im Dienstplan festgelegten Arbeitszeiten liegen, hat sich die Stundenkontingentregelung als vorteilhaft erwiesen. Dabei wird bis zu einer Stunde pro Woche von der VZ abgezogen, d. h. im Dienstplan nicht berücksichtigt. Dadurch entsteht für jede Mitarbeiterin jährlich ein Stundenkontingent von bis zu 47 Stunden an VZ, das für außerdienstplanmäßige Arbeiten angerechnet werden kann, ohne dass dafür Überstunden entstehen. Dieses Kontingent kann nur auf die Zeiten angerechnet werden, die außerhalb der dienstplanmäßig festgelegten Arbeitszeit entstehen. Nicht erbrachte Zeiten müssen nachgeleistet werden.
...

3.3 Anzahl der anwesenden Kinder

Um eine pädagogisch verantwortbare Betreuung der Kinder über die gesamte Öffnungszeit zu gewährleisten, sollte der Personaleinsatz (BZ) unter Beachtung folgender Aspekte erfolgen:

- In den flexiblen Öffnungszeiten sollte in Kindergärten für bis zu 10 Kinder eine Mitarbeiterin mit BZ eingesetzt werden. Bei der Betreuung von Kindern unter drei und über sechs Jahren müssen andere Erzieher-Kinder-Relationen vorgesehen werden, die bis zu 1 Fachkraft für 4 Kinder bei der Betreuung von Kindern unter drei Jahren reichen. Hierbei können, falls personell möglich, aus Gründen der Kontinuität immer die gleichen Personen im Dienstplan eingeplant werden.
- In der Regelöffnungszeit sollen alle Gruppen geöffnet sein, d. h. es sollte zu dieser Zeit pro Gruppe mindestens eine Mitarbeiterin mit BZ eingeplant werden. Den besonderen pädagogischen Erfordernissen der morgendlichen Bring-

zeiten ist Rechnung zu tragen. Ausnahmen können bei personellen Engpässen und bei regelmäßig extrem niedriger Besucherquote gemacht werden, z B am Nachmittag.

Unabhängig von der Anzahl der anwesenden Kinder müssen aus versicherungsrechtlichen Gründen immer zwei Personen in der Einrichtung anwesend sein.

...

Übersicht: Formblatt 1

(*Einen Übersichtsplan für den Einsatz des gesamten Personals zeigt das Beispiel auf S. 116 f*)...

5.2 Dienstplan für die einzelne Mitarbeiterin: Formblatt 2

Insbesondere bei wöchentlich wechselnden Diensten erleichtert es der einzelnen Mitarbeiterin die Orientierung, wenn ihr ein Blatt mit ihren persönlichen Dienstzeiten (BZ und VZ) vorliegt. ...

5.3 Der Dienstplan an der Wand: Formblatt 3

Durch Urlaub, Dienstbefreiung wegen Fortbildung und Krankheit wird der konkrete Einsatzplan sich vom Dienstplan manchmal unterscheiden müssen. Zur Planung des Personaleinsatzes empfiehlt sich ein „Dienstplan an der Wand", der als Steck- oder Magnettafel mit Namenskärtchen der Leiterin diese Arbeit erleichtert und jeder Mitarbeiterin einen schnellen Überblick über ihre Dienste erlaubt."

6.4 Arbeitsplatzgestaltung

Für MitarbeiterInnen sind manchmal die Bedingungen ihres Arbeitsplatzes besonders wichtig. Aus Sicht des Anstellungsträgers sind fast alle Bedingungen Kostenfaktoren, die unter Kosten-Nutzen-Abwägungen stehen. Die Kita-Leitung kann die Arbeitsplatzbedingungen je nach den Regelungen ihres Trägers über ihre Entscheidungsbefugnisse nur teilweise beeinflussen. Alle sind aber von den Arbeitsplatzbedingungen betroffen.

Untersuchungen haben gezeigt, dass aus Sicht der MitarbeiterInnen die Qualität des Arbeitsplatzes sich durch folgende Faktoren bestimmen lässt:

- Mitwirkung bei Entscheidungen und Absprachen, die die Arbeit betreffen
- Klarheit der Ziele
- Einflussnahme auf die Zielsetzung
- Umfang der Feedbacks über eigene Leistungen oder die der Arbeitseinheit
- Handlungs- und Entscheidungsspielräume
- Grad der Abwechslung in der Arbeit
- Grad der Arbeitsteilung bzw. sinnvoller Aufgabenzusammenhang
- Kontakt- und Kommunikationsmöglichkeiten mit KollegInnen
- Kontinuität der Zusammensetzung der Arbeitsgruppe

Daneben gibt es weitere für die MitarbeiterInnen ebenfalls sehr bedeutsame Faktoren, zu denen die materiellen Arbeitsbedingungen gehören:

- Prestige und Anerkennung aus der Tätigkeit
- Entlohnung
- Arbeitszeitgestaltung
- Ausstattung mit Arbeitsmitteln (heute insbesondere die technischen wie PC, Handy etc.)
- Räumliche Ausstattung
- Positive Zukunftschancen – Sicherheit des Arbeitsplatzes – persönliche Weiterentwicklung (z. B. Bildungsmöglichkeiten)
- Karrieremöglichkeiten

Es ist offensichtlich, dass die zuerst genannten eher weichen Faktoren, die die Qualität des Arbeitsplatzes ausmachen, in den meisten Kitas in hervorragender Weise vorhanden sind. Nicht in gleichem Maße sind die eher materiellen Faktoren in Kitas verwirklicht. Dies liegt in erster Linie am meist sehr engen vorgegebenen finanziellen Rahmen. Kaum Gestaltungsmöglichkeiten – weder für den Träger noch für die Leitung – gibt es z. B. in Entlohnungsfragen. Prestige und öffentliche Anerkennung sind ebenfalls von der Leitung kaum zu beeinflussende gesellschaftlich bestimmte Faktoren.

Alle anderen Faktoren sind für die Gestaltung vor allem durch die Leitung und den Träger offen. Auf die wichtigsten soll im Folgenden etwas näher eingegangen werden.

Die neun genannten weichen Faktoren hängen vom Führungsverhalten ab. Dieses bestimmt, inwieweit MitarbeiterInnen Mitwirkungs- und Mitentscheidungsrechte haben und welche selbstständigen Handlungs- und Entscheidungsmöglichkeiten ihnen eingeräumt werden. Kontakt- und Kommunikationsgelegenheiten mit KollegInnen sind in der meist kleinen Einheit Kita ohnehin vorhanden.

Arbeitszeitgestaltung

Im Kita-Bereich werden die Arbeitszeitwünsche von MitarbeiterInnen weitgehend berücksichtigt, doch sind Lösungen wie Arbeit zu Hause oder Telearbeit wegen der Betreuungsaufgaben kaum zu verwirklichen. Das Interesse der MitarbeiterInnen und die Attraktivität der Arbeitsstelle sind Kriterien, die bei der Arbeitszeitgestaltung nur im Rahmen der betrieblichen Möglichkeiten berücksichtigt werden können. Die große und weiter wachsende Anzahl von Teilzeitarbeitsverhältnissen (in vielen Regionen oder bei manchen Trägern machen sie den weit überwiegenden Anteil aus) deuten auf Fehlentwicklungen hin und sollten im Hinblick auf betriebliche und pädagogische Belange überprüft werden.

Ausstattung

Die Ausstattung muss häufig aus einem engen Sachkostenbudget finanziert werden. Als PädagogInnen sind die Fachkräfte in den Kitas oft geneigt, die verfügbaren Mittel für die Ausstattung mit pädagogischen Materialien, didaktischen Spielen etc. zu verwenden. Die technische und materielle Ausstattung, die für die Verwaltung und Organisation notwendig ist, gerät dabei in den Hintergrund. Folgende Arbeitsmittel sollten in jeder Kita vorhanden sein: schnurloses Telefon, PC mit Drucker und Internetzugang incl. Mailadresse, Kopiermöglichkeiten. Die räumliche Ausstattung sollte neben den Räumen für die pädagogische Arbeit, für deren Anzahl und Größe in manchen Bundesländern Regelungen vorhanden sind, einen Personalraum mit Sitzgelegenheiten für alle MitarbeiterInnen und ein separates Büro für die Leiterin enthalten.

Bei Bau und Ausstattung ist die Gesundheit der MitarbeiterInnen als wichtiges Kriterium zu beachten. Dies betrifft einmal die akustische Belastung, die durch gute architektonische Planung oder nachträgliche Lärmdämpfungsmaßnahmen so weit wie möglich reduziert werden sollte. Für die MitarbeiterInnen müssen Sitzgelegenheiten für Erwachsene bereit stehen, um Rückenprobleme zu vermeiden.

Positive Zukunftschancen

Arbeitsplatzsicherheit ist in Anbetracht der demografischen Entwicklung nicht mehr zu garantieren. Karrieremöglichkeiten sind bei kleinen Trägern und den flachen Hierarchien in den Kitas wenig vorhanden. Die Möglichkeiten der Personalentwicklung durch Fort- und Weiterbildung werden deshalb von den meisten Trägern und Leitungen auch zur Steigerung der Attraktivität der Arbeitsplätze in der Kita intensiv genutzt.

7. Was leisten die MitarbeiterInnen einer Kita und wie werden sie entlohnt?

In einem integrierten Personalmanagement-Ansatz dürfen die Fragen nach Personalcontrolling und Personalentlohnung in der Regel nicht fehlen. Doch spielt das Messen der Effizienz des Personalmanagements im Rahmen des Controllings in den Kitas heutzutage keine oder nur eine begrenzte Rolle. Weder die Auswahl geeigneter Instrumente und Methoden fällt in diesem Bereich leicht noch die Integration in ein konsistentes Kennzahlensystem. Die pädagogische Arbeit mit den unterschiedlichsten Kindern und in den verschiedensten Rahmenbedingungen lassen Controlling zumindest auf den ersten Blick nur begrenzt zu. Eine effiziente Institutionalisierung und Organisation des Personalcontrollings sind nur bei großen Trägern sinnvoll und von diesen gemäß ihren Interessen und Leitbildern einzuführen. Hier könnte die Nutzung dieses Kontroll-, Informations- und Steuerungsinstruments auch die größte Wirkung zeigen.

Unter der Entlohnung versteht man die Gestaltung aller materiellen Anreize, die Organisationen ihren MitarbeiterInnen als Gegenleistung für den Arbeitseinsatz gewähren. Sie sind durch den Träger und vielmehr noch die Tarifwerke vorbestimmt, so dass für die Kita-Leitung kaum Handlungsspielraum bleibt. Zwar kann sie die Kriterien der Entgeltdifferenzierung noch beeinflussen, wie etwa Arbeitsanforderungen, Arbeitsleistung, Einrichtungserfolg, Qualifikation, sozialer und beruflicher Status, aber schon bei der Wahl der Entgeltform kann sie nicht wirklich zwischen verschiedenen monetären und nicht-monetären Anreizen entscheiden. Letztere kann sie durch besondere Anerkennung für bestimmte Leistungen, Lob und Vertrauen etc. höchstens ergänzen. Die Tarifwerke legen insbesondere die Höhe des Entgelts fest, d. h. die direkten Personalkosten für MitarbeiterInnen und Vorgesetzte, die Personalzusatzkosten und die Wertschöpftungsverteilung: alles Aufgaben der Personalentlohnung. Im Allgemeinen weicht die Lohnpolitik eines Trägers kaum davon ab, ist kaum flexibilisiert oder individualisiert – oft auch, um das Gleichbehandlungsgebot zu befolgen. Dementsprechend ist die Motivationswirkung gering.

Dabei ist das Ziel dieses Anreizsystems in der Regel, die Arbeitsleistung und -zufriedenheit aller Beschäftigten zu gewährleisten. Insgesamt können Bedürfnisbefriedigung und Maximierung, Motivation, Gerechtigkeit, Status und Anerkennung sowie die Wertigkeit für die einzelne Mitarbeiterin eine Rolle spielen.

8. Nachwort

Bei den vorstehenden Ausführungen kann mitunter der Eindruck entstehen, dass Personalmanagement in der Kita technokratisch die Menschen „vermisst und verwaltet“, wo doch gerade die pädagogische Zielsetzung über allem stehen sollte. Damit wäre aber nach Ansicht der Autorinnen der wahre Charakter verfehlt.

Personalmanagement soll sicherlich Prozesse erfassen, effizient und effektiv systematisieren, Handlungslinien, Chancen und Grenzen aufzeigen. Es soll aber auch den Gestaltungsspielraum deutlich machen, der in jeder Kita steckt, und allen, insbesondere der verantwortlichen Kita-Leiterin, die Arbeit erleichtern. Vielleicht gerade, um sich wieder mit allen und den besten Kräften um die Kinder kümmern zu können, sie zu fördern und zu fordern, aufzufangen und ihnen Raum zur persönlichen Entwicklung zu geben. Dies geht nur, wenn diejenigen, die sich um sie bemühen, mit den besten Voraussetzungen arbeiten.

An dieser Stelle sei daher an all diejenigen gedacht, die sich seit langem trotz bisweilen wenig perfekter Arbeitsbedingungen, begrenzter Möglichkeiten und erschwerter Situationen, in der Kita bis an ihre persönlichen Kapazitätsgrenzen engagieren und damit der Gesellschaft einen großen Dienst erweisen. Wenn dieses Buch auch nur einen kleinen Beitrag dazu leistet, ist schon viel bewegt zu Gunsten von MitarbeiterInnen und Kindern. Nutzen Sie es also für Ihre eigene Zukunft, damit Sie dieses Sprichwort nicht eines Tages einholt:

„Zukunft ist die Zeit, in der du bereust, dass du das, was du heute tun kannst, nicht getan hast.“

9. Ausgewählte Literatur-Tipps und Links

Arbeitsgemeinschaft der Caritasverbände Rheinland-Pfalz (Hg.): Empfehlungen zur Dienstplan-Gestaltung, Mainz 1995.

Bröder, Monika: Gesprächsführung in Kita und Kindergarten, Ein praktischer Leitfaden, Freiburg, Basel, Wien 2004.

Franken, Bernd: Leiten und Führen in Tageseinrichtungen für Kinder, in: basiswissen kita, Sonderheft der Zeitschrift „kindergarten heute", Freiburg 2004.

Fthenakis, Wassilios E./Kirsten Hanssen/Pamela Oberhuemer/ Inge Schreier (Hrsg.): Träger zeigen Profil. Weinheim 2003.

Herrmann, Mathias/Kurt Weber: Wir freuen uns auf Ihre Mitarbeit . . ., Personalauswahl und Gewinnung, in: basiswissen kita, Sonderheft der Zeitschrift „kindergarten heute", Freiburg 1999.

Hilb, Martin (Hrsg.): Management der Human-Ressourcen, Neue Führungskonzepte im Praxistest, Neuwied, Kriftel 1998.

Holtbrügge, Dirk: Personalmanagement, Berlin, Heidelberg, New York 2004 u. 2005.

Kellner, Hedwig: Ganz nach oben durch Projektmanagement, München, Wien 2000.

Kellner, Hedwig: Reden, Zeigen, Überzeugen, Von der Kunst der gelungenen Präsentation, München, Wien 2000.

Konnerth, Tania: Erfolgreich delegieren, www.zeitzuleben.de/inhalte/be/delegieren/index.html (Stand: 13.8.05).

Künkel, Almuth/Rita Watermann: Management im Kindergarten, Grundlagen für Leitungsaufgaben, Freiburg, Basel, Wien 1993.

Landkreistag Rheinland-Pfalz/Städtetag Rheinland-Pfalz/Evangelische Kirchen in Rheinland-Pfalz/(Erz)Diözesen in Rheinland-Pfalz (Hrsg.): Selbstkontrolle von Personalkosten in Kindergärten. Mainz 1999.

Oberhuber, Nadine: Lächle und herrsche, in : Die Zeit 24/2004 vom 3.6.04

Schein, Edgar H.: Three Cultures of Management: The Key to Organizational Learning, in: MIT Sloan Management Review (SMR) 38/2, 1994, S. 9–20.

Schwuchow, Karlheinz/Joachim Gutmann (Hrsg.): Jahrbuch Personalentwicklung 2005, Ausbildung, Weiterbildung, Management Development, München, Unterschleißheim 2005.

Stamer-Brandt, Petra: Arbeits- und Tarifrecht für Erzieherinnen, in: basiswissen kita, Sonderheft der Zeitschrift „kindergarten heute", Freiburg 2003.

Arbeits-, Betriebs- und Organisationspsychologie an der Universität Heidelberg, www.psychologie.uni-heidelberg.de

Bildung Plus, www.forum-bildung.de

Bildungs- und Sozialmanagement mit Schwerpunkt frühe Kindheit, berufsbegleitender Studiengang (B.A.) an der Fachhochschule Koblenz, Standort Remagen, www.rheinahrcampus.de/kita-studiengang/

Die Deutsche Gesellschaft Für Personalführung (DGFP), www.dgfp.de